AF402312

MANUEL DES BRAVES,

OU

VICTOIRES

DES ARMÉES FRANÇAISES.

LE 76.ᵉ RÉG.ᵗ DE LIGNE A INSPRUCK,
Le 16 Brumaire an 14 (8. 9.ᵇʳᵉ 1805.)

MANUEL DES BRAVES,

OU

VICTOIRES

DES ARMÉES FRANÇAISES,

EN ALLEMAGNE, EN ESPAGNE, EN RUSSIE,
EN FRANCE, EN HOLLANDE, EN BELGIQUE,
EN ITALIE, EN ÉGYPTE, etc.

DÉDIÉ

AUX MEMBRES DE LA LÉGION D'HONNEUR,

PAR MM. LÉON THIESSÉ, EUGÈNE B***,
ET PLUSIEURS MILITAIRES.

Orné de gravures et de cartes du théâtre de la guerre.

TOME I.

SECONDE ÉDITION.

A PARIS,

Chez PLANCHER, Éditeur des *Œuvres de Voltaire*
en 35 tomes in-12, rue Poupée, No. 7.

1818.

DE L'IMPRIMERIE DE POULET.

PROSPECTUS.

Au milieu des malheurs sans nombre qui pèsent sur la Nation française, s'il est une idée qui la soutienne encore, qui rende ses infortunes moins accablantes, sa résignation plus facile, c'est le souvenir de ses victoires passées, du rang élevé qu'elle a occupé entre les peuples de l'Europe. En se rappelant ce qu'elle fut, elle songe à ce qu'elle peut être encore; et sa mémoire lui fournit ses plus nobles espérances. Il faut plaindre ceux qui s'attachent à contester la légitimité du patrimoine le gloire que nos braves nous ont acquis. Français, avant tout, nous repoussons tout ce qui pourrait affaiblir en nous l'ardent amour de la France.

Le succès qu'ont obtenu plusieurs ouvrages destinés à recueillir les belles actions de nos Guerriers, a inspiré l'idée de celui que l'on annonce au public. Quelques personnes ayant pensé que les uns sont trop resserrés, et que les autres, étendus dans de vastes limites, sont d'un prix trop élevé pour devenir populaires, on a cherché un juste milieu entre les deux excès. Les lecteurs trouveront, dans le recueil dont nous publions le *Prospectus*, un résumé substantiel, sans sécheresse, des principales campagnes des armées françaises depuis 25 ans. La modicité du prix le rendra accessible à toutes les classes, à celle surtout dont nous ambitionnons le plus les suffrages, dont nous recueillons les titres de gloire, qui reconnaîtra les lieux où elle combattit, les noms de ceux de ses frères d'armes qui se sont le plus distingués, et dont un grand nombre pourra dire avec un noble orgueil : *J'étais là !* Heureux si l'exactitude que nous tâcherons d'apporter dans la rédaction, si le patriotisme, qui animera toutes les parties de l'ouvrage, lui méritent le titre de MANUEL DES BRAVES !

C'est un beau spectable de voir une grande armée parcourir tour-à-tour les principaux États de l'Europe, marquer partout son passage par des triomphes, pénétrer jusque dans les contrées glaciales de la Russie, et ne céder qu'aux élémens ce que l'ennemi seul n'aurait pu obtenir ; revenir dans ses foyers, repousser, avec un succès long-temps douteux, les masses énormes qu'on lui opposait, et, terrible jusque dans sa défaite, épouvanter encore le vainqueur par son imposante et formidable attitude. Tel est le sujet qui sera traité dans l'ouvrage que nous annonçons : il est divisé en *quatre volumes in-12*, et en deux parties : les campagnes de l'empire, et celles de la révolution. Les deux premiers volumes contiennent, sous le titre de *Victoires en Allemagne, en Espagne, en Russie, et en France,* les années qui se sont écoulées depuis la création du gouvernement impérial jusqu'à la bataille de Waterloo. Dans le volume suivant, nous remontons aux tems où les armées républicaines remportèrent d'éclatans triomphes sur les armées coalisées ; ainsi les succès d'une époque consoleront des défaites de l'autre. Les campagnes d'Italie et d'Egypte complettent cette partie de l'ouvrage, qui est terminé par une BIOGRAPHIE HÉROÏQUE, en 2 vol. (1), ou *Dictionnaire historique des Braves* dont le sang a coulé pour la conquête de cette égalité civile et de cette liberté constitutionnelle que la Charte a consacrées. Chaque volume est orné d'une carte ou d'une gravure.

Il est des faits d'armes d'un autre genre : ceux-là ont été la suite de nos troubles civils, et nous croyons qu'il est de notre devoir de les

---

(1) Par MM. *Regnault de Warin*, Z., *P. de P.*, et autres gens de lettres ou militaires français.

viij

couvrir du voile de l'oubli. Les lecteurs français apprécieront assez nos motifs, sans qu'il soit besoin que nous prenions la peine de justifier notre silence.

L'entreprise éminemment nationale que nous tentons doit obtenir l'approbation des amis de la liberté. Vanter la valeur française, c'est encore l'enflammer; c'est inspirer à tous les citoyens le sentiment de leur force; c'est concourir au maintien de l'indépendance publique; c'est enfin bien mériter d'un Monarque qui, de la terre de l'exil, vit, avec un sentiment d'orgueil, les belles actions du peuple qu'il gouverne aujourd'hui: qui, sur un trône honoré par ses vertus, affermi par ses lois, rend hommage à toutes les gloires, et ne voit, dans les services des Bayard, des Turenne et des d'Assas nouveaux, que la patrie à jamais illustrée par eux, que le trône environné d'un éclat immortel.

CONDITIONS DE LA SOUSCRIPTION.

Le prix est de 3 francs par volume pour les souscripteurs, et de 4 francs pour ceux qui n'auraient pas souscrit.

On souscrit, à Paris, chez PLANCHER, Éditeur des *Œuvres complètes de Voltaire*, en 35 tomes in-12, rue Poupée, N.º 7.

AVERTISSEMENT.

La division de cet ouvrage a été annoncée par les auteurs dans le Prospectus. Quatre volumes qui ont été publiés de mois en mois offrent une histoire assez complète, quoique abrégée, des campagnes de la révolution, et de celles de l'empire.

Il semblait naturel de consacrer les deux premiers volumes aux campagnes de la révolution, et de suivre nos armées depuis 1805 jusqu'en 1815, dans les deux derniers. Les auteurs ont cependant interverti cet ordre; ils ont rejeté à la fin de l'ouvrage les années qui se sont écoulées depuis 1793 jusqu'à la création du gouvernement impérial.

Voici leur motif :

On publie dans ce moment par souscription un ouvrage intitulé, *Victoires, conquêtes*, etc., par une société de militaires et de gens de lettres. Plusieurs livraisons de cette compilation ont déjà paru. Elle est rédigée selon l'ordre des événemens, et commence à la révolution française.

Si les auteurs du *Manuel des Braves* avaient

adopté le même plan, on aurait pu les soup-
çonner de s'être seivi d'un travail qu'ils sont
loin de ne déprécier pas, mais dont ils ne
veulent pas être accusés d'avoir voulu s'emparer. Ils ont d'autant plus d'intérêt à se mettre
à l'abri du soupçon, que déjà leur prospectus
a fait naître des réclamations assez vives, et
qu'on a voulu leur faire un crime d'avoir élevé
une concurence permise.

Les auteurs du *Manuel des Braves* ne sont
d'aucun parti. Ils sont Français. Ils ont cru
que les amis de la gloire nationale approuve-
raient également deux ouvrages sur un sujet
si fécond, et trop négligé. Rassurés par leur
patriotisme, ils se sont persuadés que tous les
vrais Français applaudiraient à leurs intentions, quand même l'exécution laisserait quelque chose à désirer.

Pour écrire dignement l'histoire de la grande
armée, il ne faut pas seulement être né en
France, il faut être digne de sa patrie par son
amour pour elle. Il ne faut pas spéculer sur
le patriotisme du lecteur, mais être patriote
soi-même.

Il faut couvrir du voile de l'oubli des catastrophes funestes à l'honneur français. Certains faits d'armes doivent être déplorés par

les vainqueurs et les vaincus. On ne doit que des larmes aux guerres civiles. Gémissons sur leurs résultats , mais ne racontons point leur histoire trop souvent parricide.

Il faut être du parti du Roi et du parti de la Charte; l'un ne peut être détaché de l'autre : leur solidarité fait leur force mutuelle.

Les auteurs du *Manuel des Braves* pourront mériter la critique littéraire. Ils ne seront personnellement censurés que par les ennemis de la liberté. Leur ouvrage sera peut-être attaqué; leur caractère dédaigne les menaces.

Ils ont cherché à réunir dans un petit nombre de pages les actions d'éclat qui honorent l'armée; s'ils tombent dans quelque erreur , cette erreur ne sera jamais nuisible à la gloire de leur pays. Cette erreur sera nationale.

Quelques-uns d'entr'eux ont vu une partie de ce qu'ils racontent ; les autres ont consulté leur âme; leur âme leur a rendu présens les faits passés. Leur imagination n'a point eu de carrière. Les travaux de l'armée française sont au-dessus de tout ce qu'on peut imaginer.

Le *Manuel des Braves* est dédié aux membres de la Légion – d'Honneur. Qui méritait mieux cet hommage! L'*Étoile d'Honneur* fut une institution toute nationale. L'Etoile xij

d'Honneur a vaincu l'ennemi dans mille occasions ; elle fut également la récompense du général, et celle du soldat.

La Légion-d'Honneur compte parmi ses membres des veuves et des orphelins, des infirmes et des indigens. La générosité française viendra-t-elle à leur secours ? L'ordre royal de Saint-Louis entretient ses membres malheureux et pauvres. La Légion-d'Honneur verra-t-elle cet exemple sans l'imiter ? Si elle n'eut point le mérite de le donner, doit-elle être moins empressée de les suivre ?

Le auteurs du *Manuel des Braves* saisissent cette occasion pour rappeler à la Légion-d'Honneur sa gloire et ses devoirs. S'ils peuvent concourir à une action vertueuse, ils seront trop récompensés.

Oui, le Roi dont tous les partis bénissent les vertus, le Roi qui ne voit dans les belles actions de ses sujets que la gloire d'enfans qui lui sont tous également chers, le Roi applaudira à l'association des riches de la Légion-d'Honneur pour soutenir les pauvres de cet ordre illustre.

INTRODUCTION.

QUOIQUE la bravoure militaire soit un des caractères distinctifs des Français, sous le gouvernement des rois, ils ne s'étaient presque jamais montrés supérieurs au reste de l'Europe. Si des victoires brillantes avaient illustré de loin en loin les règnes de quelques souverains, d'autres règnes avaient été déshonorés par de sanglantes défaites. Il était réservé à la révolution française d'exalter les courages, d'endurcir nos soldats aux fatigues, de les élever au-dessus des guerriers de tous les pays. Certes, aujourd'hui, malgré les retours de la fortune, les défaites illustres, les trahisons éclatantes, quelle nation oserait disputer à la France la palme de la valeur? Quels peuples n'avons - nous pas vaincus? Dans quelles contrées du monde n'a pas retenti la gloire de nos armes? On peut attribuer aux armées françaises cet éloge que Cicéron adressait, avec moins de justice, au vainqueur des Gaules : « Quel écrivain, disait-il, possède assez de talent, de force et d'éloquence, d'abondance et de génie, pour être capable non pas d'embellir, mais de raconter seulement les choses que vous avez faites.... En vain on se rappelle les exploits des nations étrangères, des peuples les plus puissans, des rois les plus célèbres, aucun peut-il être comparé aux vôtres pour l'importance des intérêts, le nombre des combats, la variété des contrées, la promptitude de l'exécution, la différence de chacune des guerres? Un voyageur pourrait-il visiter les régions les plus éloignées aussi rapidement que vos courses, ou plutôt vos victoires, les ont parcourues?....... Vous avez dompté des nations barbares, innombrables, répandues dans un territoire immense, pourvues de tous les moyens de défense ; . . . . . . vos louanges seront répétées non-seulement par nos écrivains, mais par ceux de tous les temps et de toutes les langues ; aucun siècle ne sera muet pour vous.... L'avenir écoutera avec étonnement le récit de vos triomphes, des empires vaincus, des provinces conquises, du Rhin, de l'Océan, du Nil, soumis à vos lois, de vos combats sans nombre, et de vos victoires inouïes.......»

Que ces paroles éloquentes eussent été plus nobles et plus belles, si César n'en avait pas été l'objet, si le père de la patrie les eût adressées à des guerriers républicains, et non à un homme pour qui la victoire ne fut qu'un moyen de domination ! Que Cicéron, le plus habile des orateurs, est ici au-dessous de Caton, moins éloquent, mais plus grand homme, écrivain moins adroit mais incapable de prostituer la louange au despotisme favorisé de la fortune!

Ah! si Caton, le dernier des Romains, eût pu renaître de sa cendre, aux premiers jours de la révolution française; si, détournant les yeux de l'intérieur de nos villes livrées à l'anarchie, il se fût réfugié dans nos armées, comme autrefois il se réfugia avec la sienne dans les sables de l'Afrique; combien sa grande âme n'eût-elle pas joui du spectacle de quatorze armées inspirées par le seul amour de la patrie, préparées à mourir sous ses étendards, et trouvant dans un sublime désespoir la source de leurs glorieux triomphes!

Au dedans tout était confusion et démence, au dehors tout était gloire et vertu. Tandis que les discordes civiles allumaient dans toutes nos cités l'incendie révolutionnaire, nos soldats, conduits par une ardeur invincible, animés par un chant guerrier, repoussaient une coalition formidable. Nos places fortes, d'abord occupées par l'ennemi, rentraient sous l'obéissance au cri de *vive la nation !* Le Rhin, éternelle limite que, depuis les Francs, Louis XIV seul avait franchi, s'étonne d'être passé sans obstacle ; vainqueurs dans notre territoire, nous allons à notre tour faire payer à l'ennemi le crime d'avoir médité l'asservissement d'un grand peuple. Bientôt revenus dans nos foyers, la Belgique, la Hollande, ancienne patrie de l'indépendance, nous ouvrent leurs villes, et répondent à nos acclamations par des acclamations pareilles : tout cède devant nos armées, devant les principes sacrés qu'elles proclament.

Alors paraît un homme que ses hautes qualités semblent déjà destiner à porter le sceptre de la France : à une audace sans bornes il joint une profondeur incroyable. Doué d'une grande étendue de génie, également préparé, selon l'expression de Bossuet, à tout entreprendre et à tout cacher, de premiers faits d'armes l'élèvent successivement au grade de capitaine d'artillerie, de général, de général en chef. Homme impénétrable dans ses desseins, tous les partis fondent sur lui les espérances les plus contraires. La république voit un Washington nouveau; les partisans du pouvoir royal espèrent retrouver un Monck : tous se sont trompés.

L'Italie, terre classique de la liberté, s'offre la première à l'armée qu'il guide. Privé de tout, sans bagages, sans subsistances, il aborde sur le rivage des vieux Romains, autrefois si glorieux, alors si humilié. Ses premiers pas sont marqués par des triomphes; son armée, endurcie aux travaux de la guerre, ne trouve point de Capoue après la bataille de Cannes. Lodi, Arcole, Rivoli, Montenotte, reçoivent une immor-

talité honorable pour les armées françaises, honteuse pour l'empire d'Occident. Cependant, nouveau Saint-Am-
broise, mais plus prudent, le chef de
l'Eglise fléchit la valeur française, et
une guerre glorieuse est suivie d'une
paix plus glorieuse encore.

Nous ne suivrons pas l'armée française dans chacun de ses triomphes. Mem-
phis, Thèbes, les Pyramides, se sou-
viendront toujours de leur passage. Les
sables du désert, long-tems empreints
de la trace de leurs pas, n'ont pas oublié ce Typhon nouveau, plus terrible
que ceux qui désolent ces contrées. En
quittant cette terre, le chef de l'armée, jusqu'alors renfermé aux opérations militaires, prend tout-à-coup
un caractère politique. On le croyait
encore sur les bords du Nil : déjà la
Seine l'avait revu; le faible Directoire
avait trébuché, et le Consulat établi en
sa place présentait à sa tête le général

qui s'était associé à la gloire de nos armées.

Cependant la guerre s'était rallumée sur les bords du Rhin ; l'Empire, fidèle à sa politique soupçonneuse, et souvent cruelle, s'était uni au peuple tout nouveau, dont l'impératrice Catherine avait déjà rendu le nom célèbre. Nouveaux combats, nouvelles victoires pour les armées françaises. Le vainqueur de Zurich, dont la France pleure la perte récente, Masséna termine en peu de mois cette campagne, et place son nom à côté des plus grands hommes de l'antiquité.

Elu premier Consul, Bonaparte brûle de reconquérir l'Italie que le Directoire avait laissé échapper pendant l'expédition d'Egypte. Une armée de quatre-vingt mille hommes, encore républicaine, passe les neiges éternelles du Gothard et du Simplon. Quelle différence avec la première guerre d'Italie !

Alors tout était désorganisé, les soldats n'avaient ni canons, ni munitions, ni subsistances; et cependant ils avaient vaincu. Aujourd'hui, pourvus de tout, mieux disciplinés et non moins braves, la victoire pouvait-elle demeurer indécise? Le Tésin, le Pô, sont franchis, l'ennemi culbuté, son artillerie en notre pouvoir; l'Autriche tremble une seconde fois, elle songe à regagner ses frontières. Elle livre la bataille de Marengo; bataille glorieuse, mais trop chèrement payée! le sang du brave Desaix arrosa nos trophées. Sa mort, il est vrai, fut encore un moyen de succès; elle enflamma l'indignation du soldat; l'ennemi fut écrasé, et le cadavre de Desaix décida la victoire.

D'autres exploits illustrèrent cette campagne. Un général non moins habile que le chef de l'armée, mais d'un mérite différent; plus prudent, mais

moins ardent à saisir l'occasion , inférieur dans la guerre offensive, supé-
rieur dans les retraites , Moreau ajouta
à la gloire nationale. La célèbre bataille
de Hohenlinden, celle de Tagliamento
et un grand nombre d'autres avantages
décidèrent enfin la cour de Vienne à
signer la paix , et le traité de Lunéville
arrêta encore une fois l'effusion du
sang.

Ici s'offre un cercle de faits tous différens. Le séduisant fantôme de la république s'évanouït. L'armée , accoutumée à vaincre, n'en peut perdre l'habitude. Mais l'homme qui la guide s'est
démasqué , il a trompé ses soldats :
aux nobles acclamations qui, depuis dix
ans précèdent et suivent la victoire , il
en a substitué de moins patriotiques.
Meurtrier de la liberté publique , la sé-
duction de sa gloire militaire, son ascendant sur l'esprit des soldats, ont endormi
dans leur cœur ce feu sacré dont ils brû-

laient. Il s'est mis à la place de la patrie, et le militaire égaré ne voit plus qu'un homme où il vit long-tems la France tout entière. On l'invoque, et l'on oublie qu'il doit sa fortune à la nation. Il n'est plus ni Washington, ni Monck : c'est un nouveau Cromwell.

Cromwell soutint dignement l'éclat de la république anglaise ; Bonaparte accrut le patrimoine de gloire du peuple qu'il gouvernait. L'Autriche lui déclara la guerre, ou plutôt elle la provoqua par le système tortueux adopté par son cabinet. Le récit de cette campagne, l'une des plus brillantes qu'on ait jamais faites, demanderait plusieurs volumes ; et cependant elle ne dura que soixante-dix jours. Quelle imposante attitude présentait la Grande armée à la bataille d'Austerlitz ! De vieux militaires, blanchis sous les armes, formaient d'impénétrables bataillons hérissés de fer et entourés d'un nombre immense de bouches à feu. Le luxe était banni, la discipline la plus sévère gouvernait jusqu'au dernier soldat; ni bagages inutiles, ni femmes à la suite de l'armée; tout cet attirail des empereurs de l'Orient, fatigant dans la victoire, funeste dans les défaites, avait disparu : Sparte eût porté envie à la France.

La bataille d'Austerlitz fut suivie de la campagne de Prusse et de Pologne; les batailles d'Jéna, d'Eylau, de Friedland, furent autant de victoires; la paix de Tilsitt vint enfin soulager l'humanité.

L'ambition du chef rompit bientôt cette paix si désirée. Déjà la France, lasse de ses victoires, commençait à murmurer. On cherchait avec inquiéétude la fin de tant de guerres sans la trouver; les mères n'élevaient qu'en tremblant des enfans destinés à marcher chaque jour à la mort. Enfin, après une suite non interrompue de victoires, on devait craindre quelques revers : il est dans la nature des choses que la fortune s'éloigne de ceux qu'elle favorisa long-tems, et l'histoire apprend que jamais on ne la fatigue impunément. Il fallait beaucoup de succès pour détruire une prévention générale.

Les batailles d'Essling et de Wagram vinrent à propos pour raffermir les Français; cependant elles laissaient encore beaucoup à désirer; on n'ignorait pas combien elles avaient coûté de sang; elles avaient épuisé les vainqueurs et les vaincus; le seul bienfait que nous leur dûmes alors, ce fut l'alliance de la dynastie qui nous gouvernait avec la maison d'Autriche. Cette famille, qui de tout temps a donné des souverains à l'Europe, ne put refuser Napoléon, et la France applaudit à une union qui semblait promettre de longues années de paix, après les sanglantes tragédies qui, depuis quinze ans, épouvantaient l'Europe.

Pourquoi faut-il que nous poursui-vions cette introduction ? C'est ici le lieu de s'écrier avec un poète : *Spes, heu ! fallaces ! oblitaque corda cadu-cum mortali quodcumque datur* (1)! Comment l'époque où la paix semblait reposer sur les bases, sur les garanties les plus durables, fut-elle précisément celle qui amena les plus désastreux évé-nemens ?

La France n'avait jamais été plus grande ni plus glorieuse : sa domina-tion s'étendait depuis le Rhin jusqu'au l'Océan, depuis la Hollande jusqu'à la Méditerranée, depuis la Seine jusqu'au Tibre ; l'Italie était devenue une de nos provinces ; la Russie et la Prusse avaient juré la paix. L'Autriche nous en avait donné le gage le plus solide. L'Angleterre seule, fidèle à son sys-tème de monopole, à sa haine pour

_____

(1) Silius Italicus.

les Français, refusait de communiquer avec le continent; mais cette séparation avait donné à notre commerce un développement si vaste, que l'industrie française suffisait à entretenir une partie de l'Europe. Si la France n'était point libre, elle se consolait au sein de la gloire; riche et honorée, elle fermait les yeux sur les plaies secrètes de l'Etat; elle oubliait ses anciennes discordes, et son amour-propre flatté ne songeait presque plus aux droits de l'homme, au régime constitutionnel.

Peu d'années se sont écoulées depuis cette mémorable époque, et cependant que nous reste-t-il de tant de grandeur? Nos soldats sont en partie restés dans les plaines de l'Allemagne, sous les murs de l'Escurial, dans les neiges de la Russie. Nos richesses, épuisées par les guerres, sont englouties dans l'Elster, dans le Rhin, dans les forêts de la Belgique : notre gloire n'est plus qu'un sou-

venir. Celui qui s'y associa long-tems,
mais dont l'ambition la ternit, celui-là
n'est plus lui-même qu'un débri vivant;
ses fautes l'ont conduit sur un roc, entre
le ciel et les mers. Pour nous, défaits,
mais non humiliés, il nous reste une
gloire que nous pouvons obtenir, une
gloire que Bonaparte détruisit trop tôt,
mais dont le flambeau ne demande qu'à
se rallumer; la liberté. Une charte, bienfait d'un roi législateur, en contient le
dépôt sacré; c'est à nous de le conserver.

Après la paix de Tilsitt, le chef du
gouvernement médita la guerre d'Espagne, guerre dans laquelle nos armées
montrèrent un courage digne d'une
cause meilleure. Chacun en connaît les
résultats. Elle épuisa un grand peuple;
mais elle en agrandit un autre. L'Espagne donna au monde une immortelle
leçon; et, quoiqu'elle ait coûté cher à
notre patrie, la justice nous ordonne
de célébrer à-la-fois et la vaillance des

assaillans et le patriotisme de la nation menacée.

Tandis que l'impolitique guerre d'Espagne moissonnait l'élite des soldats français, une entreprise plus vaste occupait Bonaparte. L'état d'hostilité continue du gouvernement anglais envers la France lui inspirait les craintes les plus sérieuses. Avant la campagne d'Austerlitz il avait déjà tenté de détruire cette puissance, dont les relations commerciales font la principale force; mais la désastreuse affaire de Trafalgar avait fait échouer ses projets. C'était encore pour abaisser cette île orgueilleuse qu'il avait combattu l'Europe, et l'avait fait adhérer à son système continental, dont le but était de destituer l'Anglais de toutes les ressources qu'il pouvait tirer dé l'alliance des autres peuples. L'expédition de Russie, projet gigantesque, mais dont le succès aurait été couvert d'applaudissemens, eut pour motif ap-

parent la prétendue duplicité du cabinet
de Pétersbourg, accusé de recevoir sous
main les produits de l'industrie anglaise.
Plusieurs personnes ont pensé que Bonaparte avait conçu l'idée de se frayer
par la Russie un chemin vers les Gran-
des-Indes : mais rien ne justifie cette
opinion. Quoi qu'il en soit, on connaît
le résultat de cette campagne, dans
laquelle les Français remportèrent les
plus mémorables victoires, mais qui se
termina par une catastrophe dont tous
les cœurs ont saigné. Ce qu'on doit dire
en l'honneur de nos armées, c'est que
la funeste retraite de Moscou fut précédée de la bataille de la Moskwa, et
suivie de plusieurs autres avantages
remarquables.

La destruction de notre armée épouvanta la France, mais elle ne fut point
découragée : semblable à Rome, qui,
paraissant renaître de ses cendres, faisait succéder des armées nouvelles aux

armées detruites, elle décima encore
nne fois ses enfans, et quatre cent mille
citoyens marchèrent à la frontière pour
venger leurs frères morts dans les déserts de la Russie et dans les champs de
la Pologne. Ce n'étaient plus, il est
vrai, ces troupes vieillies dans les combats, ces bataillons de fer qui se seraient
crus déshonorés, s'ils avaient baissé la
tête devant le feu de l'ennemi; mais c'é-
taient toujours des Français, animés
par la présence de quelques-uns des
anciens soldats de Lodi et d'Arcole, de
Marengo et de Zurich, d'Austerlitz et
de Wagram, qui, échappés aux élémens comme à la baïonnette ennemie,
étaient encore debout; semblables à
ces chênes antiques et découronnés,
dont la hache épargna la vieillesse, qui
s'offrent de loin en loin dans les forêts
nouvelles, et protégent encore de leur
feuillage les jeunes tiges qui croissent
à leurs pieds.

La campagne de Dresde s'ouvrit avec éclat; les victoires de Lutzen, de Bautzen, de Wurtchen, rappelaient les beaux jours de nos armées; mais le ressort trop tendu devait nécessairement se briser. Napoléon, pour réaliser son système exagéré de conquêtes, avait forcé les nations vaincues à marcher dans les rangs du vainqueur. Ses armées étaient déjà soutenues par une nation jadis florissante, mais encore glorieuse dans son infortune; une nation à laquelle la France donna jadis des rois, et dont elle voulait relever la gloire; cette Pologne enfin, qui reçoit aujourd'hui la liberté des mains de son vainqueur. L'Autriche, la Prusse, la Bavière, et les autres Etats allemands, avaient grossi le nombre des soldats français, tant que la force les y contraignit; mais leur défection dut suivre nécessairement nos revers. La Prusse se déclara la première; son exemple fut

contagieux, et bientôt, après la désastreuse journée de Léipsick, où le grand
Poniatowsky périt, les Français, aban-
donnés à leurs propres forces, trahis de
toutes parts, massacrés aujourd'hui
par leurs amis d'hier, furent obligés de
repasser le Rhin, laissant partout les
traces sanglantes de leur passage.

La Russie et l'Allemagne ne perdirent point les avantages que la défection leur avait fait obtenir. Une coalition formidable s'organisa, et la France,
naguère victorieuse, se vit soudain
contrainte à défendre pied à pied son
propre territoire. Le peuple, las des
revers de son souverain, plus fatigué
encore du despotisme intérieur, qui
semblait s'accroître en raison de nos
mauvais succès, cessa entièrement de
seconder les efforts de l'armée. Qu'était
devenu ce pouvoir moral qui avait renversé les premières coalitions ? Où en
étaient seulement les vestiges ? Hélas !

tout était désenchanté : la liberté n'é-
tait plus là pour animer nos milices; la
gloire militaire n'avait plus de charmes;
pas un cœur ne s'ouvrait à l'espérance,
pas un bras ne s'offrait volontairement;
le feu sacré de l'amour de la patrie était
éteint; tout était mort! Qui nous avait
réduits à cet état funeste?... L'ambition d'un seul homme.

Ce n'est pas que la campagne de 1814
ne soit honorable pour le chef et pour
l'armée. Celle-ci déploya une bravoure
admirable; mais la fortune avait changé.

. . . .

. . . .

Gardons le silence sur des événemens funestes à l'honneur de la patrie;
ces catastrophes ne seront point per-
dues pour l'histoire; mais des Français
doivent aujourd'hui chercher à les ou-
blier. Assez on a fait retentir à nos
oreilles les récits de nos désastres; on
doit rappeler ses malheurs à un peuple

victorieux; on doit parler de ses triomphes à un peuple vaincu. Laissons aux écrivains passionnés le triste plaisir de faire naître, par l'histoire de nos pertes, de faciles émotions. Parlons de notre gloire; relevons l'esprit public, et nous aurons bien mérité de la patrie. Oh! puissent les Français, oubliant désormais leurs dissentions, reprendre leur place parmi les nations de l'Europe! Puisse la statue de l'antique Liberté se relever au milieu d'eux, non comme cette Euménide sanglante et voilée, qui, pendant nos troubles, présidait au carnage, et se rendait coupable des crimes de l'anarchie, mais comme une divinité sage et ferme, prudente et courageuse; la Charte d'une main et le glaive de l'autre, également préparée à rétablir la paix au dedans, et à résister à l'ennemi au dehors! Puissent enfin les souverains de l'Europe être animés d'un esprit de modération envers un grand peuple qui n'a mérité d'être méprisé de personne ; qui, après les avoir successivement vaincus, cédant seulement au nombre, réclame aujourd'hui le droit sacré de conserver sa gloire, son indépendance, ses richesses, sous le gouvernement du fondateur de sa constitution !

VICTOIRES

DES

ARMÉES FRANÇAISES

EN ALLEMAGNE.

CHAPITRE PREMIER.

CAMPAGNES D'AUTRICHE ET DE MORAVIE EN 1805.

Motifs de cette guerre.—Préparatifs de la France et de l'Autriche.—Passage du Rhin par l'armée française.—Prise du pont de Donawert et du pont de Lech.—Combat de Wertingen et de Guntzbourg.—Prise du pont et de la position d'Elkingen.—Combats de Langenau, de Haag et de Wasserbourg.—Prise de Memmingen.—Blocus d'Ulm.—Affaires de Neresheim et de Nordlingen. — Ulm capitule, et est évacuée par l'ennemi.

BONAPARTE, monté sur le trône de France, avait traité en son nom avec les peuples du continent; mais l'Angleterre, refusant de reconnaître sa puissance, ne lui avait pas même accordé le titre d'*Empereur*. Ce mépris pour sa famille fut, selon quelques-uns, le seul motif qui porta Bonaparte à tenter une descente en Angleterre. Suivant d'autres, cette expédition maritime était une suite naturelle de la jalousie qui, de tout temps, divisa les deux peuples. Ceux-ci prétendaient que c'était une entreprise gigantesqne et impratiquable; ceux-là, n'y voyant rien que de possible, citaient à l'appui de leur opinion l'exemple de Guillaume-le-Conquérant : tous s'accordaient à désirer l'abaissement d'une nation rivale qui, en laissant échapper le sceptre des mers, eût perdu son commerce, son or, et son influence politique.

Quoiqu'il en soit, les préparatifs de cette guerre furent poussés avec vigueur : les premiers mois de 1805 virent un grand nombre de vaisseaux descendre de nos chantiers sur l'Océan, se couvrir de nos légions victorieuses, et Boulogne compta deux cent mille hommes campés à ses portes. La marine française, depuis long-temps sans honneur, reparut avec éclat : et, dès les premiers jours de septembre, une flotte nombreuse, bien armée, n'attendait pour mettre à la voile qu'un vent favorable et le signal du départ.

Ainsi l'Angleterre était menacée : la France

l'attaquait forte et victorieuse ; les autres puissances de l'Europe paraissaient garder la neutralité. Fidèle à ses ressources accoutumées, elle se rejeta, à l'heure du danger, sur un système de défense qui lui avait tant de fois réussi : elle porta ses yeux sur les peuples du continent, chercha des forces hors d'elle-même, et se mit encore une fois à l'abri de l'orage, en le tenant éloigné d'elle. Etrangère, en quelque sorte, par sa position, au système continental, la Russie ne pouvait offrir au cabinet de Saint-James des moyens de défense assez rapides ; la Prusse, qui avait exprimé à la face de l'Europe son desir de rester attachée à la France, ne paraissait pas pouvoir lui être utile ; l'Autriche seule se trouvait en état d'opérer une heureuse diversion. Ce fut donc de ce côté que se firent les premières ouvertures ; et, en jugeant par l'experience du passé, on dut croire que, cette fois encore, l'or fut opposé au fer, la politique à la force, et que ce même peuple, qui avait rompu le traité d'Amiens, rompit par ses instigations la paix de Lunéville. La cour de Vienne s'offrit d'abord comme médiatrice ; dès ce moment on lui soupçonna des arrière-pensées. On parlait encore d'une descente en Angleterre, et déjà la politique éclairée prévoyait une guerre en Allemagne.

Aucune déclaration cependant n'avait été faite : l'Autriche paraissait tergiverser; sa conduite tortueuse donnait des craintes, mais ne laissait aucune certitude. Nos ministres recevaient dans la même matinée la nouvelle des premières hostilités et des protestations pacifiques. M. de Talleyrand, ministre des relations extérieures, demanda à M. le comte de Cobenzl des explications sur les préparatifs qui faisaient suspecter les intentions de l'Autriche : il lui représenta que son gouvernement rappelait ses sémestriers, formait des magasins, fabriquait des armes, faisait des levées de chevaux, fortifiait Venise et les gorges du Tyrol; que des corps d'armée se dirigeaient à marches forcées vers l'Adige, vers les rives de l'Inn, et que ces dispositions ne semblaient point annoncer le désir de maintenir la paix. On lui répondit par des protestations d'attachement et des assurances de fidélité.

Le gouvernement français dut se mettre en mesure. Une nouvelle conscription fut proposée, la levée des gardes nationales décrétée dans toute l'étendue du territoire :

cette force militaire que l'on établit tout-à-coup, et la direction toute différente que l'on fit prendre aussitôt aux troupes de ligne et à la garde d'élite, apprirent à la France qu'elle avait des ennemis sur le continent.

Alors l'Autriche et la France changèrent les protestations en des reproches mutuels : l'Autriche accusa la France d'ambition ; reprocha au gouvernement français de parler des droits de la victoire, après avoir signé la paix ; de décider en maître des intérêts des nations ; d'éloigner tel peuple de la grande balance politique ; de forcer tel autre à se déclarer en sa faveur pour augmenter son poids et sa force : elle se plaignit encore de certaines prétentions sur l'Italie et l'envahissement de quelques états indépendans de ce royaume ; enfin elle donnait pour cause de ses armemens les craintes que devaient lui inspirer un camp de trente mille hommes réunis dans les plaines de Marengo, un autre camp de quarante mille sur les frontières du Tyrol et de ses provinces vénitiennes. La France, d'un autre côté, reprocha à l'Autriche ces capitaux immenses enlevés à l'Helvétie, sous le prétexte d'un droit d'épave contraire aux dispositions prises par le recès de l'empire germanique, des terres séquestrées en Bohême et dans la Souabe, où elle commençait à s'étendre; enfin sa lenteur à remplir ses engagemens, et la dette de Venise non encore acquittée. Ces accusations réciproques furent réfutées chez l'une et l'autre puissances par les journaux officiels.

Quand deux peuples cherchent ainsi des motifs de guerre, la guerre est déjà déclarée.

Le 24 septembre 1805, dans une séance secrète du tribunat, des orateurs du conseil d'état annoncèrent que nos soldats avaient quitté les bords de l'Océan pour défendre nos frontières; que les ennemis qu'ils allaient combattre étaient les Russes et les Autrichiens, et que le matin même Bonaparte avait quitté Paris pour rejoindre l'armée.

Le 27 septembre, Bonaparte était à Strasbourg, et quelques corps d'armée, après avoir traversé le bas Rhin, campaient déjà sur le territoire de l'Allemagne à plusieurs journées au-delà de ce fleuve : déjà une proclamation adressée à la grande armée lui avait mis sous les yeux ses devoirs, ses dangers, mais surtout l'honneur de la victoire.

Du 27 septembre au 6 octobre, les deux armées ne firent que changer de position : les

troupes françaises pénétrèrent sur différens
points dans le pays de Wurtemberg. Le corps
du maréchal Bernadotte était, le 29, dans les
environs de Wurtzbourg ; le maréchal Ney
arriva à Pforlzheim, et, le 3o, opéra sa jonction à Stuttgard avec des corps venus de Freu-
denstadt et Nagold. Le généraux Dupont,
Loison, Malher, Dutaillis, traversèrent le
Rhin près d'Au, à trois lieues de Carlsruhe
où se trouvait le maréchal Lannes.

La garde était dans les environs de Wurtemberg.

La division du général Oudinot quitte alors
la vallée de Gernspach ; celle du maréchal
Davoust, après avoir dépassé Heilbron, se
dirige sur Giengen ; le général Rivaud arrive
à Arnestein et Hamelburg, le général Drouet
à Carestadt et Bouland ; et enfin le général
Marmont et les régimens Hollandais et Français sous ses ordres entrent à Wertheim. Dans
ce moment l'armée toute entière avait passé le
Rhin.

Les troupes autrichiennes, de leur côté,
exécutèrent plusieurs mouvemens tant en
Souabe qu'en Bavière.

Le 19 septembre l'avant-garde de l'armée
arriva à Augsbourg ; le 28, l'armée elle-

même, après avoir rempli la Bavière, occupé et abandonné une position sur le Lech, passa l'Iller, et s'empara des débouchés de la forêt Noire. La division Kienmayer, qui venait de passer le Danube, se réunit à un corps considérable rassemblé entre Nordlingen et Eschstadt. Le quartier général était alors à Memmingen.

Les troupes Russes, que la Prusse, fidèle aux traités, avait refusé de recevoir, s'avançaient cependant sur cinq colonnes; la première entra le 6 octobre en Moravie. Des corps Russes entrèrent à Fiume, Zara, Réc, Porto; et les garnisons de ces places furent transportées par eau à Venise.

Toutes les forces autrichiennes se concentraient vers l'Adige.

Le 2 octobre Bonaparte fut reçu à Louisbourg par le prince Paul, second fils de l'électeur de Wurtemberg; le 5, il quitta la résidence électorale, et se porta sur Elwangen. Nos troupes occupaient alors les environs de Bamberg, et le quartier général, Halle en Souabe.

En pleine marche sur le Danube, nous avions déjà pris beaucoup de positions qui semblaient importantes, et l'ennemi cepen-

dant n'avait point cherché à s'y maintenir. Il
n'y avait pas encore eu un seul coup de canon
de tiré.

Le 6 octobre nos divisions avaient changé
de place : les maréchaux Ney, Davoust et
Lannes occupaient Koessingen, Oettingen et
Naresheim ; le maréchal Bernadotte et les
troupes bavaroises étaient à Weissembourg ,
et les dragons de Murat bordaient le Danube.
L'ennemi s'était déjà avancé jusqu'aux débouchés de la forêt Noire, et paraissait vouloir s'y maintenir : il fortifiait l'Iller , mais les
mouvemens de nos troupes l'inquiétaient ; et
ses travaux étaient presque aussitôt contre-
mandés qu'entrepris.

Bientôt on en vint aux mains : les patrouilles françaises , dans une rencontre avec
les patrouilles ennemies, firent prisonniers
quarante cavaliers du régiment de la Tour.
Cette escarmouche fut le signal de combats
plus sérieux.

Le 6 octobre le général Vandamme, à la
tête de la deuxième division du maréchal
Soult, arriva à huit heures du soir sur la
rive gauche du Danube au confluent de la
Vernitz, n'ayant accordé que deux heures de
repos dans Nordlingen à ses troupes fatiguées

par une marche forcée. Il trouva le pont de Donawerth occupé et défendu par le régiment de Colloredo , commanda sur-le-champ l'attaque et l'enleva après un court combat : quelques soldats restèrent en notre pouvoir.

Le lendemain, à la pointe du jour, les dragons de Murat, commandés par le général Walther, arrivent à Donawerth ; le pont est rétabli. Ces mêmes dragons et deux cents dragons du 4e. régiment, que conduisait le colonel Waltier, se dirigent ensuite sur le Lech. Le pont du Lech , défendu par des forces supérieures, demeure, après une charge des plus brillantes, au pouvoir de ces braves; les Autrichiens, quoiqu'en nombre double, sont culbutés sur tous les points.

Dans cette rencontre, un dragon, nommé Marmente, se couvrit de gloire en sauvant la vie à son capitaine qui, quelques jours auparavant, l'avait cassé du grade de sous-officier. Ce noble trait fut rapporté au chef de l'armée : il voulut voir Marmente, et lui donna la croix de la Légion d'Honneur, digne récompense de la bravoure unie à la vertu.

Le 8 octobre , pendant que les deux divisions Legrand et Vandamme se portaient avec le corps du général St.-Hilaire sur Augsbourg,

Les dragons des généraux Klein et Beaumont, les carabiniers et les cuirassiers du général Nansouty se dirigèrent par la route d'Ulm sur le même point, afin de couper de ce côté toute communication à l'ennemi. Murat, qui commandait ces différens corps, aperçut à Wertingen une division considérable d'infanterie autrichienne, soutenue par quatre escadrons de cuirassiers d'Albert : il ordonna aussitôt d'étendre la colonne, et la division ennemie fut enveloppée : le combat fut très-vif. Le maréchal Lannes, qui suivait notre cavalerie, arriva bientôt avec le corps du général Oudinot. A sa vue, les Autrichiens, déjà affaiblis par un combat de deux heures, plièrent de tous côtés, et se retirèrent en si grande hâte, qu'une seule brigade à peine eut le temps de donner. Le colonel Arrighi, à la tête de ses dragons, chargea avec vigueur les cuirassiers du duc d'Albert. Au fort de la mêlée, son cheval tomba sous lui; et, pour sauver leur chef, ses soldats firent des prodiges de valeur. Le colonel Beaumont montra le même courage; mais, plus heureux, il saisit au milieu des rangs ennemis un capitaine de cuirassiers, et le fit prisonnier après avoir sabré les cavaliers qui l'entouraient. Le colonel Maupetit, blessé à mort, lorsqu'il chargeait l'ennemi dans le village de Wertingen, ne fit entendre en expirant que des cris de victoire. Le chef d'escadron Excelmans reçut la décoration de la Légion d'Honneur en échange de plusieurs drapeaux qu'il arracha à l'ennemi. Tous les Français rivalisèrent, dans cette journée, de dévouement et de courage.

Le résultat de cette affaire fut très-avantageux : tous les canons, tous les drapeaux du corps ennemi tombèrent en notre pouvoir; un grand nombre des officiers autrichiens qui se trouvèrent à Wertingen furent tués; beaucoup furent faits prisonniers; deux lieutenans-colonels, six majors et quatre mille soldats se rendirent.

Pendant qu'on se battait à Wertingen, le maréchal Ney remontait le Danube à la tête des divisions Malher, Dupont, Loison, Gazan et des dragons à pied du général Baraguey d'Hilliers. Un engagement eut lieu entre ces corps et l'ennemi à Grümberg ; un nouveau combat fut livré à Guntzbourg ; quatre heures après le succès de Wertingen on compta un avantage de plus. Comme le maréchal Ney dirigeait la division Loison sur Langeneau et la division Malher sur Guntzbourg, le prince

Ferdinand en personne chercha à contrarier ce mouvement; mais le 59e. régiment l'attaqua, et, après un combat opiniâtre, le força à se retirer avec précipitation ; le pont fut coupé, et les pièces de canon qui le défendaient furent prises. Les journaux du temps évaluèrent la perte de l'ennemi à 2,500 hommes restés sur le champ de bataille, 1,000 faits prisonniers, et 6 pièces de canon. La nôtre s'éleva à 400 hommes tant tués que blessés. Le général-major d'Aspre fut fait prisonnier ; mais nous perdîmes le colonel Lacuée, mort glorieusement à la tête de son régiment.

Ainsi nous avions toujours l'avantage dans ces combats partiels ; et l'ennemi ne disposait pas ses forces pour une affaire générale : il perdit encore deux pièces de canon, un lieutenant colonel, deux capitaines et 120 soldats, que le maréchal Soult enleva sur la route de Landsberg à l'archiduc Ferdinand, qui se rendait à Ulm avec six pièces de grosse artillerie.

Il est à remarquer que, depuis le passage du Rhin, nos troupes avaient plus exécuté de manœuvres qu'elles n'avaient livré de combats. L'armée ennemie, tournée dans presque toutes ses positions, forcée de se replier continuellement sur elle-même, ne gardait aucune de ses communications ; elle allait être cernée, et ne pouvait changer de lieu qu'en engageant une affaire décisive. On s'attendait aussi de jour en jour à un combat général, et le chef de l'armée, qui venait de quitter Augsbourg, occupé alors par nos troupes, pour se porter devant Ulm, ordonna, le 13 octobre, l'investissement de la place, afin d'enlever aux Autrichiens la faculté de se déployer quand ils se mettraient en bataille.

Ce jour même, le maréchal Soult arriva devant Memmingen, cerna la place, et força le commandant autrichien à une capitulation qui remit entre nos mains dix pièces de canon, des bagages nombreux, des munitions de toute espèce, un major-général, trois colonels, plusieurs officiers supérieurs et neuf bataillons, dont deux de grenadiers ; ces prisonniers furent aussitôt dirigés sur le quartier-général. Deux jours auparavant, l'ennemi avait encore perdu 1,500 hommes, qui posèrent bas les armes à Albeck, devant la division Dupont. Cette division, forte seulement de 6,000 hommes et attaquée par 25,000, prouva par sa victoire qu'au champ d'honneur le nombre n'est rien devant le courage.

Cependant plusieurs corps de l'armée fran-

çaise s'arrêtaient devant Ulm; d'autre marchaient sur le même point. Le général Mack,
enfermé dans cette place, reconnut les dispositions du blocus, et conçut le projet de faire
échapper ses divisions, en les faisant sortir,
au même moment, chacune par une des routes
qui aboutissent à la ville. Par suite de cette résolution, la division Hohenzollern et Wemeck sortit de la place par Heydenheim; et
cette même division qui avait attaqué le général Dupont, déboucha sur Memmingen. Il
fallait déconcerter ces manœuvres : on attaqua
Elkingen.

Le 14, à la pointe du jour, le maréchal
Ney passa le pont d'Elkingen. Seize mille
hommes qui occupaient cette position, la dé-
fendirent avec opiniâtreté; mais leur résistance rendit le combat meurtrier, sans qu'ils
en retirassent aucun avantage. Les Français,
irrités d'une opposition aussi vive, redou-
blèrent d'audace, et renversèrent tout ce qui
s'opposa à leur passage. Le 69e. régiment de
ligne, après avoir emporté le pont, en colonne
serrée, se déploya sous le feu de l'ennemi, et
le déconcerta par la régularité et le sang-froid
de ses manœuvres.

Cependant le maréchal Lannes s'emparait

des hauteurs qui dominent la plaine et le village de Phoëd; les tirailleurs se rendaient maîtres de la tête du pont d'Ulm; les divisions Klein et Beaumont poursuivaient la cavalerie autrichienne qui fuyait en désordre; et le général Marmont, maître des ponts d'Unterkirker, d'Oberkich et de toutes les communications de l'ennemi sur l'Iller, complétait le blocus avec le corps Baraguey-d'Hilliers. Ulm, ainsi environnée d'ennemis, était livrée à une confusion extrême.

Un grand nombre d'officiers français se distinguèrent au combat d'Elkingen; et les plus beaux traits de bravoure ajoutèrent à l'éclat d'un des plus beaux faits militaires. On cite avec honneur le 18e. de dragons, son colonel Lefebvre, le colonel du 10e. des chasseurs Colbert, et le colonel Lajonquières qui, dans cette journée, commandait le 76e. Le quartier-général fut établi dans l'abbaye d'Elkingen.

Tandis que ces choses se passaient en Bavière, le prince Eugène Beauharnais marchait en Italie contre l'archiduc Charles. Nos troupes remportaient aussi l'avantage dans cette partie de l'Europe. On avait attaqué le pont du vieux château de Vérone; ce pont, coupé

en plusieurs endroits par les Autrichiens, avait
été rendu praticable à l'aide de planches et de
madriers ; vingt - quatre compagnies de nos
voltigeurs s'étaient élancées de l'autre côté du
fleuve.

L'ennemi, en défendant vivement ce passage, avait perdu 1,500 hommes ; nous avions
fait 1,400 prisonniers, pris 7 pièces de canon
et 18 caissons.

Les Autrichiens n'étaient pas plus heureux
à Ulm qu'à Vérone. La place déclarée en état
de siége ne pouvait espérer aucun secours ; le
prince Ferdinand fuyait de nuit sur Biberach,
et laissait en chemin douze bataillons, que le
maréchal Soult faisait prisonniers ; les débris
de l'armée étaient harcelés par Murat, et le
général Kienmayer, après avoir perdu une
grande partie de ses équipages, repassait l'Inn,
et sortait de la Bavière.

Le 15 octobre au matin, tout était disposé
pour l'attaque de la place d'Ulm. Bonaparte
fit demander une entrevue au major-général
Lichtenstein, et voulut, avant d'ordonner l'assaut, offrir aux assiégés une capitulation. Il
représenta à l'officier autrichien que, dans
l'état de détresse où se trouvait la ville, elle ne
pouvait long-temps résister ; que les droits

de la guerre permettaient à ses soldats victorieux de se montrer cruels; qu'il était du devoir du commandant de se rendre, et d'assurer l'existence des habitans et de la garnison.
Le major-général ne fit d'abord aucune réponse décisive; et cette première ouverture
nécessita plusieurs pourparlers. Enfin, le général Mack réclama pour tous les militaires
de la garnison la liberté de rentrer en Autriche
sur parole. « Si l'archiduc est dans la place,
» répondit Bonaparte, et qu'il me jure sur
» son honneur que les soldats renvoyés ne
» serviront point contre la France jusqu'à par-
» faite échange, je souscris à tout : je lui don-
» nerai avec plaisir cette marque de con-
» fiance. » Comme on lui apprit que l'archiduc était parti la nuit précédente, il dit qu'il
n'avait plus de garantie, et qu'il accorderait
aux seuls officiers le retour dans leur patrie.
Ces propositions ne furent point acceptées
sur le champ, et la ville resta quelques jours
encore en état de blocus.

Pendant ce temps la division de Murat, qui
poursuivait l'archiduc Ferdinand, fut coupée
à Langeneau par la division Wemeck ; mais,
dans le choc, l'ennemi, dont la marche était
embarrassée par 500 chariots, perdit un offi-

cier général, trois mille hommes et deux drapeaux. Un aide-de-camp, nommé Brunet,
fit preuve dans cette affaire du plus grand
courage : le 20ᵉ. régiment de dragons, le 9ᵉ.
d'infanterie légère et les chasseurs de la garde
opérèrent des prodiges de valeur. Après ce
combat, Murat continua avec rapidité sa marche sur Néresheim : là, nos braves soldats
recommencèrent un second combat; la division de dragons du général Klein chargea
l'ennemi. Deux drapeaux furent encore enlevés, et douze cents hommes pris.

. Le 18, le prince Murat, toujours à la poursuite de l'archiduc, arriva à cinq heures du
matin à Nordlingen, et réussit, par une manœuvre savante, à cerner la division Wemeck,
qu'il força de capituler. Les conditions furent
que les officiers seraient prisonniers sur parole, mais ne perdraient point leurs équipages;
que les soldats désarmés se rendraient en
France, et que la position serait de suite occupée par les troupes françaises. Les lieutenans-généraux Wemeck, Baillet, Hohenzollern, les généraux Vogel, Mackery, Hohen-
feld, Weiber et Dieuerberg se constituèrent
prisonniers sur parole. Plus de deux mille
hommes mirent pied à terre; leurs chevaux

furent montés par une brigade de nos dragons à pied. Ainsi de tous côtés les Autrichiens fuyaient devant nous, déconcertés par notre tactique, plutôt que repoussés de vive force ; et la France s'étonnait qu'une guerre fût à la fois si peu sanglante et si glorieuse.

Ulm tenait encore : le général Mack, désespérant d'être secouru, signa le 19 octobre la promesse d'évacuer la ville. Il obtint toutefois que, jusqu'au 25 du même mois, le maréchal Ney ne s'en éloignerait pas à un rayon de dix lieues.

Cette capitulation fut un véritable triomphe. Dans les combats de Wertingen, Lansberg, Güntzbourg, Memmingen, Albeck, Elkingen, Langeneau, Néresheim, etc., etc., trente mille Autrichiens avaient mis bas les armes ; trente mille autres renfermés dans Ulm allaient subir la même loi ; l'armée d'Autriche était détruite partiellement ; et ses colonnes éparses, poursuivies, inspiraient aux vainqueurs plus de pitié que de crainte.

Le chef de l'armée tempéra cette fois l'orgueil de la victoire par une affabilité consolante à l'égard des vaincus : il reçut en audience particulière le général Mack ; accueillit avec bienveillance le lieutenant-général

comte de Klénau, qu'il avait connu commandant de Wurmser ; parla également avec
bonté aux lieutenans-généraux comtes de
Giulai, Gollesheimrico, prince de Lichtenstein, et à plusieurs autres officiers : « La
guerre, leur dit-il, a ses revers comme ses
triomphes ; la fortune est capricieuse, et on
peut bien être une fois vaincu, lorsqu'on a été
si souvent vainqueur. »

Le lendemain, 20 octobre, la place fut évacuée. Bonaparte, entouré de sa garde et placé
sur la hauteur d'Ulm, fit défiler devant lui la
garnison autrichienne : 33,000 hommes, dont
2,000 de cavalerie, mirent bas les armes; 3,000
blessés, 60 pièces de canon et 40 drapeaux
furent aussi remis entre ses mains. Il faisait
appeler les généraux ennemis et les retenait
près de lui pendant que leur troupe défilait :
il les traitait avec douceur, et leur adressa à
peu près les paroles suivantes :

    « Messieurs, votre maître m'attaque injus-
» tement; je vous le dis franchement, je ne
» sais pourquoi je me bats ; je ne sais ce que
» l'on veut de moi. Je ne veux rien sur le
» continent : ce sont des vaisseaux, des colo-
» nies, du commerce que je veux; et cela
» vous est avantageux comme à moi. »

Le général Mack répondit alors que l'empereur d'Autriche avait été entraîné dans cette guerre malgré lui, et que la Russie, que l'on croyait soumise à l'influence de l'Allemagne, avait au contraire forcé cette dernière à embrasser sa cause.

Pendant le cours de ces entretiens, la garnison d'Ulm continuait de défiler. L'armée française, énorgueillie par un si grand succès, offrait un contraste frappant avec l'armée autrichienne : chez nous brillait l'espoir ; chez nos ennemis était le découragement. On ne pouvait reprocher à nos troupes qu'une trop grande impétuosité : il fallait retenir l'élan des soldats. Le 17e. d'infanterie légère, arrivé devant Ulm, allai livrer l'assaut, si des ordres n'eussent enchaîné cette ardeur inconsidérée. On pourrait citer plusieurs traits dignes des temps anciens : il suffira d'un seul. Brard, soldat du 76e. de ligne, sur le point d'avoir la cuisse amputée, dit au chirurgien qui se préparait à l'opérer : « Je le sens, j'en mourrai ; mais » qu'importe, un homme de moins n'empê- » chera pas le 76e. de marcher à l'ennemi la » baïonnette en avant. »

La pluie, qui depuis trois mois tombait par torrens, les fleuves qui sortaient de leur lit et se répandaient sur les terres, rendaient souvent la position du soldat pénible, mais ne pouvaient affaiblir son courage. La nouvelle que les Russes arrivaient sur les bords de l'Inn accrut encore l'ardeur de l'armée : elle voyait déjà ces nouveaux ennemis vaincus, une seconde campagne aussi glorieuse que la première terminée, et de nouveaux trophées ajoutés à d'anciens succès.

Ainsi, après une campagne de vingt jours, la Bavière était délivrée des troupes autrichiennes, et l'électeur, allié de la France, rentrait dans ses états: les Français, vainqueurs dans huit combats, avaient enlevé à l'armée ennemie un grand nombre de ses généraux, 60,000 hommes, 200 pièces de canon et 90 drapeaux.

CHAPITRE II.

Combat de Nuremberg. — Entrée des Français à Augsbourg.—Passage de l'Inn.—Affaire de Muhledorff.—Prise de la ville et de la citadelle de Braunau. — Combats de Lambach et de Mérodach. — Prise de Wels et de Lintz. — Affaires de Lovers, d'Amstetten et de Marienzell.—Entrée des Français à Inspruck.—Combat de Diernstein.—Passage de l'armée dans Vienne.—Capitulation de la ville de Kuffstein. — Entrée des Français à Brünn. — Prise de Brixen.—Coup-d'œil sur les opérations de l'armée d'Italie, commandée par le prince Eugène.

Il n'est pas douteux que depuis l'ouverture de la campagne les Autrichiens n'eussent commis de grandes fautes; ce serait cependant se montrer injuste envers nos armées que d'attribuer aux fausses manœuvres de l'ennemi l'étonnante rapidité de leurs succès. Si nous profitâmes, en plusieurs rencontres, de l'impéritie de quelques-uns des généraux étrangers, en beaucoup d'autres il nous fallut opposer la bravoure à la bravoure, et l'habileté à l'habi-

leté. A Wertingen, à Guntzbourg, à Elkingen, le champ de bataille fut arrosé du sang
des deux armées; la victoire fut plutôt arra-
chée que cédée. Mais pourquoi ne s'éloigna-
t-elle pas un seul moment de nos drapeaux?
Pourquoi nos triomphes ne furent-ils achetés
par aucune défaite, par aucun désavantage?
Cette succession non interrompue ne peut
s'expliquer que par l'ascendant que nos troupes avaient pris sur tous les peuples. L'ennemi
nous regardait comme invincibles : il devait
être vaincu. Les Français marchaient au
combat avec la certitude de vaincre : ils devaient être victorieux. Des souvenirs glorieux
étaient attachés à leurs drapeaux : Arcole,
Mantoue, Marengo, tant de journées glo-
rieuses les instruisaient de leur devoir, et
leur ordonnaient de ne point rester au-dessous
d'eux-mêmes.

Pendant les guerres de la révolution, et
pendant les premières campagnes de l'empire,
les armées françaises n'ont presque rien exécuté qui ne fût auparavant jugé impossible.

S'il fallait assigner encore d'autres causes à
notre supériorité sur les nations du continent,
on rappellerait que leur civilisation moins
avancée ou différente, leurs mœurs, leur

éducation ne sont point, comme en France,
modifiées par cet esprit de liberté qui, depuis
vingt-cinq ans, s'est enraciné dans toutes les
âmes. En Allemagne, un soldat n'est ordinai-
rement qu'un être absolument passif, qu'une
machine obéissante, sans énergie individuelle,
aveuglé sur les fautes de ses chefs, et préparé
à mourir quand ceux-ci l'ordonnent. En
France, le plus simple soldat se regarde
comme une partie nécessaire de cette grande
âme qui anime le vaste corps qu'on appelle
armée ; il juge, il condamne ses chefs ; et,
quand il leur obéit contre son opinion, ses
murmures les avertissent et les instruisent.
Un soldat allemand ne demande que sa paie ;
un soldat français veut quelque chose de plus.
Les défaites abattent et découragent ceux-ci ;
ceux-là en conçoivent une indignation fertile
en grandes choses ; le Français est plus terrible le lendemain d'une défaite que le lendemain d'une victoire.

C'est à la révolution française que nous
devons cet esprit public de nos troupes ; cette
ardeur invincible qui, semblable à l'étincelle
électrique, se communique avec une étonnante
rapidité d'un bout de l'armée à l'autre ; ce
mépris de la mort qui rend les soldats insen-

sibles aux blessures, quand la gloire les ac-
compagne. Un seul trait suffira pour justifier
des éloges qui nous sont encore moins inspi-
rés par l'amour de la patrie que par celui de
l'exacte justice.

Un conscrit quittait son village pour aller
rejoindre son corps qui triomphait en Allemagne. Sa mère alarmée lui représentait les
dangers qu'il allait courir ; elle croyait déjà
voir le fatal boulet de canon qui devait emporter sa plus chère espérance : « Ne pleurez
pas, ma mère, reprit-il en souriant ; c'était
bon autrefois ; mais aujourd'hui les soldats
vont si vite qu'ils n'ont pas le temps d'être
tués. »

En effet, nous avions en vingt jours détruit
une armée, franchi plusieurs fleuves, fait
évacuer une immense étendue de pays. Il est
vrai que la campagne n'était point terminée ;
des troupes fraîches attendaient nos troupes
déjà fatiguées de vaincre ; les Russes appro-
chaient, et les débris de l'armée autrichienne
se hâtaient de les joindre. Le chef de l'armée
française adressa alors une nouvelle proclamation à ses soldats, les félicita de leurs succès,
les remercia de leur obéissance, de leur discipline : il leur expliqua le plan à suivre dans

cette seconde guerre, et promit des récompenses aux corps d'infanterie qui devaient principalement en assurer le succès.

Ulm était en notre pouvoir ; les généraux Mack et Wemeck retournaient en Autriche, où des cachots les attendaient : on les accusa de trahison ; et, pour mettre à couvert la gloire de l'armée autrichienne, leur gouvernement les confina dans une forteresse. On reprochait au premier d'avoir rendu la place d'Ulm sans s'informer seulement si Ulm pouvait résister. Ce qu'il y a de certain, c'est que cette ville, dans le cas où elle eût soutenu le blocus, n'aurait reçu aucun secours. L'archiduc Ferdinand, qui seul pouvait tenter une diversion en faveur des assiégés, avait essuyé des pertes trop considérables pour oser l'entreprendre : il chercha son salut dans la fuite ; et, lors de la capitulation de Nordlingen, il se jeta dans le pays prussien avec un corps de trois mille chevaux. Murat le suivit encore, et, le 21 octobre au soir, le déborda sur la route de Furth à Nuremberg. Là, les chasseurs à cheval de la garde se couvrirent de gloire ; ils tombèrent sur les cuirassiers du général Mack qui accompagnaient le prince, et les taillèrent en piè c
Les deux régimens de carabiniers, toujours

dignes de leur réputation, soutinrent cette cavalerie d'élite, et eurent part au triomphe de cette soirée. Le reste du parc d'artillerie demeura en notre pouvoir avec tous les bagages de l'ennemi. L'activité que déploya Murat dans cette circonstance sera toujours un objet d'admiration et d'étonnement.

A Nuremberg, se distinguèrent surtout les colonels Morland, des chasseurs à cheval de la garde; Cauchois, du 1er. régiment de carabiniers; Rouvillois, du 1er. régiment de hussards, et les aides-de-camp Flahaut et Lagrange. Le colonel Cauchois reçut dans cette affaire une honorable blessure.

Le même jour un bataillon de la garde entra à Augsbourg, et ses habitans restèrent frappés de stupeur à la vue du premier peloton: les quatre-vingts grenadiers qui marchaient en tête portaient chacun un drapeau pris sur l'ennemi. Augsbourg reçut le lendemain les troupes de Bade, fortes de 4,000 hommes.

Le 24, le corps d'armée du maréchal Bernadotte partit de Munich; le 5, il arriva à Wasserbourg-sur-l'Inn, et trouva six arches du pont brûlées; le comte Manucci, général de l'armée bavaroise, se trouva aussi sur les bords du fleuve: après une vive canonnade, l'ennemi céda la rive droite. Plusieurs bataillons français et bavarois passèrent l'Inn, et, le 26, les ponts étant rétablis par les officiers du génie Morel et Somis, on poursuivit l'ennemi de l'autre côté, et on lui fit 5o prisonniers.

D'un autre côté, le maréchal Davoust passait près de Muhledorff, après avoir chassé l'ennemi de la rive droite où il établissait ses batteries. La division de Murat exécuta aussi son passage sur le pont de Muhledorff, et fit établir ceux d'Œling et de Marckl, sur lesquels traversa une partie de sa réserve. Les corps des maréchaux Soult et Marmont étaient dans les environs de Haag : le chef de l'armée était à Haag, et la division du maréchal Ney sur la route de Braunau.

L'armée russe exécuta, pendant ces différentes marches, des mouvemens de retraite : d'après les ordres du général en chef Kutusow, elle se retira de l'Inn, et prit position sur une ligne qui s'étendait, d'une part, depuis Linnstadt sur le Danube, le long de la rive droite de l'Inn, jusqu'à l'embouchure de la Salza, et d'une autre part, de cette embouchure le long de la Salza, par Dittengen et Lauffen jusqu'à Salzbourg. Le général Kienmayer, qui commandait sur ce point, fut remplacé par le général Meerfelt.

Le quartier-général de l'armée française fut successivement porté de Haag à Muhledorff, et de Muhledorff à Braunau.

Nos troupes, pendant toute la campagne, n'avaient pas changé une seule fois de position sans remporter de nouveaux avantages : fidèles au même plan, elles quittèrent les lieux que nous venons de nommer, mais toujours en enlevant à l'ennemi des hommes, des magasins ou des positions avantageuses.

Le 29 octobre, le maréchal Bernadotte entra à Salzbourg, qu'un corps de 6000 hommes, qui y était la veille, avait abandonné avec précipitation : le maréchal Davoust fit réparer le pont de Muhledorff, tandis que le 1er. régiment de chasseurs exécutait une belle charge sur l'ennemi, et lui faisait des prisonniers.

Le 30, le maréchal Lannes se porta à la tête du pont de Braunau, qu'il trouva coupé. Soixante chasseurs traversèrent l'Inn sur deux barques, et se présentèrent audacieusement devant Braunau, qui était bastionnée avec pont-levis et demi-lune. Cette place avait été évacuée quelques heures auparavant : elle se rendit sur-le-champ. Les Français y trouvèrent 40,000 rations de pain, 40,000 boulets, 100 milliers de poudre et 45 pièces de canon.

Le lendemain, la division du prince Murat rencontra l'arrière-garde de l'armée autrichienne sur le chemin de Merobach. La rencontrer, la charger et la mettre en déroute, fut l'affaire d'un moment pour la cavalerie française. Les cavaliers autrichiens accoururent au secours de l'infanterie qui entrait dans un défilé; mais les dragons du général Beaumont s'y étaient déjà précipités : la fusillade fut vive, et, sans la nuit, le résultat de cette affaire eût été plus important. On ne fit au reste que 5000 prisonniers. Le 1er. régiment de chasseurs se couvrit de gloire à Merobach, et le 8e. régiment de dragons soutint l'honneur du nom qu'il avait vingt fois illustré dans cette même campagne. Le colonel Montbrun, du 1er. de chasseurs, fit preuve du plus grand courage. Le 1er. novembre, Murat, toujours infatigable, et poursuivant l'ennemi l'épée dans les reins, arriva sur Lambach. Les généraux autrichiens, déconcertés par la vue de ces mêmes corps qui les avaient tant de fois culbutés dans leur marche, firent approcher huit bataillons russes pour soutenir leur retraite. Le 17e. régiment d'infanterie de ligne, et le 1er. de chasseurs chargèrent les Russes avec impétuosité, les mirent en désordre et les poussèrent jusqu'à Lambach. On compta 5oo prisonniers; le colonel autrichien Graffen et le colonel russe Koloffken furent tués. Les officiers français déployèrent une grande énergie : la bravoure du colonel Conroux, commandant le 17e. de ligne, fut surtout remarquée. Parmi les pièces de canon qui furent prises à Lambach, on en trouva deux appartenant aux Russes. On assura, lorsque le journaux rendirent compte de ces dernières affaires, que l'empereur d'Allemagne, poussé par l'inquiétude, s'était porté jusqu'à Wels, et que c'était là qu'il avait appris le désastre de son armée.

Le 2 novembre, le général Walther avec sa division de cavalerie s'empara de Wels. La première colonne du corps d'armée commandé par le maréchal Davoust, et les dragons du général Beaumont, se portèrent à Lambach. Le général Davoust fit établir, pour passer la Traun, un pont de bateaux en remplacement du pont que l'ennemi avait coupé. Le colonel Walther, du 3oe. régiment, traversa le fleuve le premier, et l'ennemi, qui défendait la rive gauche, fut contraint à une fuite précipitée.

Au moment de son arrivée à Salzbourg, le maréchal Bernadotte avait dirigé son avant-garde, sur le chemin de la Carinthie, à la poursuite d'une division autrichienne qui opérait sa retraite de ce côté. Le général Kellermann, qui commandait cette manœuvre, reconnut l'ennemi dans un défilé que couvre le fort de Passling : il l'attaqua avec impétuosité, tandis que le général Weslé fit tourner la forteresse par le capitaine Campobane. La colonne ennemie, forte de trois mille hommes, laissa la moitié de son monde entre nos mains, et se dispersa dans les gorges. Les armes que l'on ramassa de côté et d'autre, plusieurs heures après le combat, annoncèrent qu'un grand nombre de soldats n'avaient pas rejoint leur corps : on battit les lieux voisins, et l'on fit quelques prisonniers. Le général Weslé eut ses vêtemens criblés de balles : le général Kellermann rendit un hommage public à la conduite que tint dans cette affraire le chef de bataillon Barbès-Latour. Le général Bisson reçut au bras une blessure peu dangereuse, assez grave cependant pour l'éloigner du champ de bataille pendant quelque tems. Le général Caffarelli fut mis à sa place.

Pendant la prise de Passling, la réserve de cavalerie de Murat, commandée par le général Milhaud, entra dans Lintz et prit possession de cette ville, que le corps d'armée du maréchal Lannes occupa le lendemain. On venait de découvrir à Lambach des magasins de sel pour plusieurs millions; on trouva à Lintz des centaines de milliers de florins.

Dans ce moment le quartier-général de l'armée française était établi à Lambach. Une des divisions du maréchal Davoust, en avant de Lambach, se dirigeait sur Steyer.

Le prince Murat ne cessa de poursuivre l'ennemi tout le tems que dura la campagne. Ce furent encore les dragons du général Walther et la brigade du général Milhaud qui chassèrent jusque dans Enns l'ennemi remonté près d'Asten, qui culbutèrent l'infanterie autrichienne soutenue par la cavalerie russe, et firent 200 prisonniers, dont 50 cavaliers; Après la prise d'Enns, Murat chassa encore l'armée russe d'Amstetten, où elle avait pris position. Le combat fut ici plus opiniâtre que dans Enns. Les grenadiers d'Oudinot chargèrent avec impétuosité, et l'ennemi, après avoir perdu 400 hommes, se retira en laissant 1500 prisonniers. Les aides-de-camp Lagrange et Flahaut furent blessés dans ces deux affaires.

Le maréchal Davoust, que nous avons vu se diriger sur Steyer, arriva dans cette ville le 3 novembre, et le 4 il en fut maître. L'ennemi fit quelque résistance, mais il céda la place après avoir perdu 200 hommes faits prisonniers par la division Beaumont. Le maréchal passa l'Enns à Steyer, après avoir établi les ponts, et se porta sur Vamdoffen.

Si nos troupes montraient une ardeur si constante, les soldats levés en Bavière soutenaient les fatigues et affrontaient les dangers avec un égal courage. Le général Deroy, à la tête d'un corps de Bavarois, rencontra au-dessus de Lovers cinq de ces régimens autrichiens que l'on envoyait d'Italie au secours de l'armée autrichienne défaite en Bavière. Cette rencontre fut le signal d'un combat sanglant; les Autrichiens, retranchés dans un défilé d'un accès difficile, étaient protégés de tous côtés. Des montagnes à droite et à gauche leur faisaient un rempart naturel ; le plateau de ces montagnes était gardé par des chasseurs du Tyrol. La bouche des défilés était fermée par trois forts en maçonnerie. La position semblait inexpugnable ; les Bavarois ne calculèrent point les difficultés : forts de leur audace et du chef intrépide qui les commandait, ils surmontèrent tous les obstacles, perdirent beaucoup de monde, mais s'emparèrent des trois forts : ils firent en outre 600 prisonniers, et prirent deux pièces de canon.

Le général Deroy fut blessé d'un coup de pistolet sur la fin de l'affaire.

Depuis la prise d'Ulm, nous n'avons rapporté que de légers combats, des escarmouches : il semblerait que les choses sont restées dans le même état. Quelle différence cependant ! Alors nous étions encore en Bavière. Nous voici à deux journées de Vienne ; la dernière ligne qui protégeait la capitale ennemie est franchie ; l'Enns vient d'être traversée par nos troupes.

Quelques affaires qui eurent encore lieu près de Freystadt, près de Mattahausen, de Wegen et de Giulay, nous rendirent maîtres de magasins considérables, et accrurent le nombre de nos prisonniers.

Le corps du maréchal Davoust, parti de Steyer, se dirigea sur Naydoffen et Marienzell. Ainsi il déborda la gauche de l'armée

ennemie qui se postait alors sur les hauteurs
de Sainte-Hipolyte, à deux lieues de Vienne,
et de Lilienffeld : il arriva dans cette capitale
par un chemin qui y mène directement. Mais à
quelque distance de Marienzell, il rencontra
la division du général Meerfeldt qui se portait
sur Neustadt pour couvrir Vienne de ce côté.
L'affaire s'engagea, et le général Heudelet, qui
commandait notre avant-garde, poursuivit
l'ennemi cinq lieues de chemin. Dans ce combat, où ce général fit preuve d'une grande habileté militaire ; nous enlevâmes à l'Autriche
3 drapeaux, 16 pièces de canon; nous lui
fîmes 400 prisonniers, parmi lesquels les colonels des régimens de Deuchmeister et de
Collorédo. Le 13e. d'infanterie légère et le
108e. de ligne eurent les honneurs de la journée. Bientôt après, le maréchal Soult, poursuivant ses avantages, défit complètement le
corps de Meerfeldt, et força ce général à
fuir, n'ayant plus avec lui qu'une centaine de
Hulans.

Après le combat de Marienzell, l'armée
russe se replia sur le Danube, et commençant
à repasser ce fleuve, opéra sa retraite sur
Krems : quand elle eut achevé ce mouvement,
elle brûla le pont, un des plus beaux que

porte ce fleuve, Molk était alors abandonnée de l'ennemi : on y établit notre quartier-général. Le chef de notre armée se plut à passer quelques jours dans l'abbaye de Molk, bâtie par l'empereur Commode, située sur les bords du Danube, et si bien fortifiée que les Romains l'appelaient *la Maison de Fer.*

Le maréchal Ney, qui devait s'emparer du Tyrol, montra, dans l'exécution des ordres qui lui furent donnés, son intelligence et son intrépidité accoutumées. Il enleva les forts de Scharnitz et de Neustark, après les avoir adroitement tournés, et prit dans cette affaire 1800 hommes, un drapeau et seize pièces de campagne tout attelées. Enfin, le 9 novembre, à cinq heures après midi, il fit son entrée à Inspruck, capitale du Tyrol, et trouva dans l'arsenal une artillerie considérable, 1600 fusils et de la poudre en très-grande quantité. Le même jour, il pénétra à Hall, où il prit de riches magasins. L'archiduc Jean, qui commandait dans le Tyrol, avait fui par Luchsthal, après avoir chargé un colonel de recommander aux Français 1200 malades retenus dans les lits d'un hôpital d'Inspruck.

Une scène noble et touchante succéda aux scènes du carnage. Le 76e. de ligne avait perdu deux drapeaux dans le pays des Grisons, pendant la dernière guerre : cette perte était pour tous les soldats du corps une source inépuisable de regrets. Quelle fut leur joie, quand ces drapeaux, qu'ils regrettèrent si long-temps, se retrouvèrent dans la salle d'armes d'Inspruck! Un officier les reconnaît, tous les soldats aussitôt se pressent dans l'arsenal : ceux qui sont auprès de ces enseignes chéries les arrosent de larmes, les serrent avec émotion sur un sein couvert de cicatrices ; quelques-uns posent le genou en terre, et les paroles qu'ils laissent échapper dans leur attendrissement semblent faire, de ces marques de leur gloire, l'objet d'un culte nouveau. Les vieux soldats pleurent ; les jeunes conscrits sont fiers d'avoir vengé leurs aînés des infortunes de l'autre guerre. Cette reconnaissance occasionna sur le champ une fête militaire au camp de la grande armée ; et, dans la suite un tableau exposé à l'admiration des Français, consacra le souvenir de cette mémorable journée.

Le 1er. novembre, la scène changea tout-à-coup. Le maréchal Mortier se porta à la pointe du jour sur Diernstein : il croyait n'y trouver que l'arrière-garde de l'armée russe ; il y rencontra trente mille hommes qui protégeaient leurs bagages, près d'entrer dans un défilé. Quatre mille hommes seulement étaient sous ses ordres; l'ennemi était plus fort de 26,000 hommes : en pareille circonstance des troupes peuvent mettre bas les armes, sans encourir le déshonneur. Nos braves chargèrent l'ennemi : on se battit depuis 6 heures du matin jusqu'à 4 heures du soir; le carnage fut horrible. Le nombre céda enfin au courage, et nos soldats, après avoir essuyé le feu de l'armée russe pendant 10 heures, réussirent à la mettre en déroute. Ils avaient tué deux mille hommes; ils étaient entrés à Loiben avec des drapeaux et six pièces de canon enlevées au prix de leur sang; ils croyaient le combat terminé: tout-à-coup les Russes dirigèrent par les gorges deux colonnes qui tentèrent de cerner Loiben. Le maréchal Mortier aperçoit cette manœuvre; et, disposant son monde en colonne d'attaque, il se prépare à faire une trouée dans l'armée ennemie qui l'entoure de bataillons épais. « Les grenadiers en ont assez fait aujourd'hui, s'écrient les compagnies de fusiliers; à notre tour de marcher en tête; nous prouverons à la France que nous ne sommes pas des soldats d'Ulm. » Dans le même instant les Russes sont enfoncés : ces lignes formidables se dissipent encore une fois. Le 9e. d'infanterie légère et le 32e. de ligne mettent une colonne en déroute complète, lui tuent 400 hommes et lui enlèvent deux drapeaux.

La journée de Diernstein fut à-la-fois glorieuse et funeste. Si nous remportâmes la victoire, notre perte fut considérable : le brave général Wattier eut un cheval tué sous lui, et tomba entre les cavaliers ennemis qui le firent prisonnier. Le général Gazan accrut encore sa réputation ; les 4e. et 9e. régimens d'infanterie légère et les 100e. et 32e. régimens d'infanterie de ligne ont remporté à Diernstein d'immortels lauriers.

Après le combat de Diernstein et la retraite des Russes sur Krems , l'empereur d'Autriche sentit bien qu'il ne pouvait empêcher nos troupes d'entrer dans la capitale de ses états : il l'abandonna avec les seigneurs de sa cour, défendit aux habitans une résistance inutile, et remplaça par des gardes nationales les troupes régulières qui l'accompagnèrent dans sa fuite.   —

Le 13 novembre , les Français entrèrent à Vienne : mais aucune pompe triomphale n'insulta à la douleur des Autrichiens ; nos troupes

ne firent, en quelque sorte, que passer ; les
divisions des maréchaux Soult, Lannes et
Davoust traversèrent la ville à différentes
heures de la journée : Murat s'y établit dans
l'hôtel du duc d'Albert. On trouva à Vienne
des magasins considérables, et tout le maté-
riel d'une armée. Une grande quantité de canons furent tirés de l'arsenal et envoyés en
France ; 15,000 fusils qui avaient été pris aux
troupes bavaroises furent rendus à l'électeur.

L'empereur plaça son quartier général
dans ce palais de Schœnbrunn où, un dé-
mi-siècle auparavant , avait habité Marie-
Thérèse : ainsi Vienne, qui avait résisté
tant de fois aux armes des Ottomans, fut
livrée sans défense à nos troupes victorieuses.

Les troupes françaises se portèrent au-delà
de Vienne sur les postes ennemis. Le général
Milhaud, à la tête de sa division, se rendit sur
la route de Brünn à Volkersdorff, fit 600
prisonniers, et s'empara de 40 pièces de canon. Le maréchal Lannes, après avoir pris à
Stokerau des magasins immenses d'habillemens, chargea l'armée russe à Hollabrunn,
et, soutenu par la division Murat, força l'ennemi à abandonner la place. Cent voitures

d'équipàge atelées demeurèrent entre nos mains. A Waldermünchen, 3,000 Autrichiens perdirent une position qu'ils avaient fortifiée, et la cédèrent aux dragons à pied du général Baraguey d'Hilliers, qui les chargèrent avec impétuosité. A Zuntersdorff, les dragons du général Sébastiani dispersèrent plusieurs corps russes, et firent deux mille prisonniers.

La division du maréchal Lannes se porta, le 18, en avant de Porlitz, où se trouvait le quartier-général de l'armée française. La division Murat entra le même jour à Brünn, et trouva, outre des magasins considérables de vivres et d'habillemens, 400 milliers de poudre et 60 pièces de canon.

Les Russes, qui étaient parvenus à réunir six mille hommes de cavalerie, s'étaient placés à la jonction des routes de Brünn et d'Olmutz, dont ils voulaient défendre les approches aux armées françaises ; ils s'étaient trompés : le brave général Walther les contint pendant une journée entière, et, par différentes charges, les força d'abandonner du terrain. La division des cuirassiers du général d'Hautpoult et quatre escadrons de la garde, qui survinrent, envoyés par Murat, achevèrent de les chasser de leur position. Ils s'enfuirent en pleine déroute, laissant 200 hommes sur le champ de bataille. Cent chevaux tombèrent en notre pouvoir.

Ce succès fut dû en partie à une charge brillante du maréchal Bessières, à la tête de quatre escadrons de la garde. Le silence de nos troupes et les hurlemens des Russes formaient un contraste frappant, et faisaient reconnaître la différence de la civilisation respective des deux nations. Le colonel Durosnel du 16e. de chasseurs, et le colonel Bourdon du 11e. de dragons, reçurent plusieurs blessures.

Pendant que nous remportions un avantage entre Olmutz et Brünn, le maréchal Ney faisait des prisonniers à l'ennemi, occupait successivement Brixen, Clauzen et Botzen; le maréchal Bernadotte s'emparait d'Iglau, le général bavarois Wrède prenait une compagnie d'artillerie autrichienne, 100 chevaux de troupes, 50 cuirassiers et plusieurs officiers; il prenait possession d'un grand magasin d'avoine, d'un grand nombre de chariots atelés et chargés de bagages; l'adjudant-commandant Maison ramenait à sa suite 200 hommes des dragons de la Tour et des cuirassiers de Hohenlohe; il chargeait un autre détachement de 200 hommes, dont 150 devenaient ses prisonniers.

D'un autre côté, MM. de Stadion et Giulai, munis de plein pouvoirs, offrirent un armistice à Bonaparte, qui crut découvrir d'autres projets dans cette proposition ; il en con-
clut que l'ennemi concevait quelqu'espoir de
succès, et resta convaincu que les deuxième et
troisième armées qu'il attendait, étant sur le
point d'opérer leur jonction avec les débris de
celle qui cherchait à se rallier, les négociations offertes n'étaient qu'une ruse de guerre
pour endormir sa vigilance. Il refusa donc
l'armistice, et se prépara à la bataille qui devait terminer la campagne d'une manière si
brillante.

Que faisaient cependant nos troupes d'Italie,
commandées par l'*Enfant chéri de la victoire* ?
En nous déclarant la guerre, l'Autriche avait
envoyé une armée dans ses états vénitiens et
dans ses possessions italiennes ; depuis, une colonne, échappée à la suite des combats livrés en
Allemagne avant la bataille d'Austerlitz, s'était
dirigée par le Tyrol en Italie, dans l'intention
de renforcer ses compatriotes qui, de défaite
en défaite, avaient été chassés jusque par de-
là le Tagliamento ; mais ce dessein ne put
être exécuté. Les généraux Gouvion Saint-

Cyr, Duhesme, Gardanne, Partouneaux,
Reynier et Seras, à la tête de leurs divisions,
tournèrent l'ennemi, le chargèrent et le mirent
en déroute complète. Six mille hommes d'infanterie et mille chevaux furent le prix de cette
victoire. Le général prince de Rohan, qui com_
mandait une colonne ennemie, fut fait prisonnier. On cite particulièrement, parmi les officiers qui se distinguèrent, les généraux Gouvion Saint Cyr et Reynier, le chef de bataillon Clavel, le chef de brigade Grabnisky,
et les chefs de bataillon Bialowiski et Closki.

Après ce combat, déjà nos avant-postes
de l'armée d'Italie se rapprochaient de la
grande armée.

Le roi des Deux-Siciles avait signé avec
Bonaparte un traité, par lequel il s'engageait
à garder la neutralité; il promettait de n'employer ni officiers russes, ni émigrés français.
Ce fut donc avec beaucoup d'étonnement que
l'on apprit que des corps anglo-russes avaient
débarqué en Italie, marchaient sur Naples, y
étaient accueillis; que le général russe Lascy
était nommé commandant des troupes anglo-
russes et napolitaines. Les journaux italiens
continrent, à cette époque, des articles dans
lesquels ce manque de foi était attribué à la

feue reine des Deux-Siciles, qu'on dépeignait en des termes que notre respect pour les têtes couronnées nous fait un devoir de passer sous silence. Bonaparte, qui se crut justement irrité, déclara une guerre mortelle au roi des Deux-Siciles. Quand la paix de Presbourg vint suspendre les hostilités entre l'armée française et les austro-russes, en Allemagne et dans les états italiens, il n'en continua pas moins de faire marcher des troupes contre Naples. Il affecta de répéter dans ses décrets que le roi des Deux-Siciles avait cessé de régner; et cette prédiction s'accomplit pour un temps. Son frère Joseph reçut de ses mains le trône de Naples : leçon énergique pour les souverains qui ne respectent point la religion des traités; exemple que Bonaparte donnait au monde, mais qui eût paru plus désintéressé, s'il n'eût pas été le prétexte d'une usurpation, et si le chef du gouvernement n'eût pas, en le donnant, méconnu lui-même les droits de la nation à laquelle il imposait un souverain.

CHAPITRE III.

Position de nos troupes avant la bataille d'Austerlitz. — Bataille d'Austerlitz. — Traité de Presbourg.

Nous avons vu l'armée française parcourir en deux mois une vaste étendue de territoire ; renverser tous les obstacles qui s'opposaient à son passage ; entrer dans la capitale de l'empire d'Allemagne, et se porter jusque sur les bords de la Morave, avec une audace aussi heureuse que rapide. Il semblait que Vienne une fois conquise, la guerre dût être finie, et la paix inévitable. L'Autriche n'avait plus d'armée : quelques corps épars, sans ambulances, sans munitions, erraient dans les montagnes de la Moravie ; mais des troupes russes marchaient à grandes journées pour les soutenir ; et les Français, déjà victorieux, se trouvèrent tout-à-coup en présence d'une armée nouvelle, supérieure en nombre, munie d'une artillerie formidable ; une seconde guerre menaçait avant que nous eussions eu le temps de nous reposer des fatigues de la première.

La bataille d'Austerlitz, qui fut livrée dans les premiers jours de décembre, offre un caractère différent de celles qui la précédèrent, et de celles qui l'ont suivie. Chacun connaît le principe de Bonaparte, *d'aller en avant;* on a toujours regardé ce général comme inhabile dans cette partie de l'art militaire qu'on pourrait appeler *expectante;* cependant la bataille d'Austerlitz paraît donner un démenti à ceux qui ont porté ce jugement. Toute sa tactique y fut défensive. Un piège, dans lequel l'ennemi donna, nous assura la victoire; et les Français, si redoutables dans l'attaque, ne se montrèrent pas moins habiles à tromper leurs adversaires, devant lesquels ils affectèrent de reculer.

Les résultats de la bataille d'Austerlitz sont incalculables; c'est de cette époque que data la suprématie décidée de la France sur tout le continent. Une partie de l'Italie tomba en notre pouvoir ; la confédération du Rhin, système destiné à nous assurer des alliés, dans le cas où quelque partie de l'Allemagne nous déclarerait la guerre, fut encore un des effets de notre victoire. L'Angleterre, agent continuel de toutes les opérations de l'ennemi, commença à trembler pour elle-même, et perdit dès lors tout l'avantage que la journée de Trafalgar lui avait fait obtenir : son commerce en reçut une atteinte irréparable ; et ce n'est pas sans raison que beaucoup de bons esprits pensent qu'elle n'aurait pu survivre aux prohibitions continuelles, si les fautes multipliées de Bonaparte n'eussent détruit l'édifice dont, à la journée d'Austerlitz, il avait posé les premiers fondemens.

Le 18 novembre, les Austro-Russes dirigeant leur retraite vers Brünn en Moravie, parvinrent, malgré les Français qui les poursuivaient sans relâche, à opérer leur jonction avec une nouvelle armée qui accourait à leur secours du milieu de la Russie. Le général Kutuzow se trouvait à la tête de 72,000 hommes ; les Français, qui les attendaient à Brünn, n'étaient qu'au nombre de 42,000. Le 20, Bonaparte arriva à son armée ; son premier soin fut de renforcer ses lignes, et de fixer à chacun des corps la position qu'il devait occuper. Le maréchal Lannes se plaça dans Brünn et les environs. La grande route entre Brünn et Posowitz fut investie par Murat ; Soult se rendit à Austerlitz, petite ville à quelques lieues de Brünn , et qui donna son nom à la célèbre bataille dont les deux armées faisaient les préparatifs. Enfin trois divisions campèrent entre Butzahowitz , Neuwieflitz , Stanitz , et sur la route de Hongrie.

Le 25, le grand-duc Constantin vint se réunir à l'armée russe, qu'il augmenta de 10,000 hommes. Cette armée , obligée de quitter Olmutz qu'elle occupait , de peur d'affamer ce pays , se dirigea vers Pronitz , où elle arriva sans obstacle le 27 novembre. Les Français , témoins de cette marche , ne firent cependant aucune nouvelle disposition. Le prince russe Bagration attaqua la position de Wischau , défendue par une avant-garde de cavalerie française; celle-ci fut tournée en un moment, et cinquante hommes de notre armée tombèrent au pouvoir de l'ennemi. Rausnitz fut pris, quelques corps légers de Murat repoussés, et les Russes vainqueurs campèrent au-delà de cette ville.

Cependant Bonaparte reçut la nouvelle de ce désavantage des armées françaises; aussitôt il ordonna à ses troupes de reculer en arrière de trois lieues, et de se placer entre Turas et Brünn, à petit bruit, comme si elles avaient essuyé une déroute complète. Les villages de Tellnitz, Sokolnitz, Kobelnitz, Schlapanitz couvrirent d'abord notre front; et nos avant gardes se placèrent sur les hauteurs d'Aujest, de Pratzen, de Girskigowitz et de Kirg. Ce ne fut pas tout : les troupes reçurent ordre de fortifier ces positions, et de les couvrir de batteries.

Bonaparte, ayant appris que l'empereur de Russie était au quartier-général de Pronitz, lui fit demander une entrevue : le jeune prince d'Olgorouski fut envoyé aux avant postes français par son souverain. Celui-ci jette les yeux autour de lui en arrivant; il croit voir partout des signes de crainte. Enhardi par ce spectacle, qui semblait déceler la terreur de notre armée, il fit à Bonaparte, qui était venu, contre son ordinaire, le recevoir aux avant-postes, des propositions de paix aussi peu honorables pour la France que si elle eût été vaincue. Le chef de l'armée se garda de les accepter; il renvoya le prince d'Olgorouski convaincu de notre timidité, et plein de l'idée que la victoire était certaine. On assure qu'à son retour aux armées ennemies, le conseil des souverains alliés ne songea plus à battre simplement les Français; il fut question de tourner notre armée, et de l'envelopper tout entière.

Bonaparte, des hauteurs de Pratzen, considérait avec attention tous les mouvemens de l'armée ennemie ; il calculait l'effet de ses forces dans chaque position, et disposait son plan d'attaque.

Le 1er. décembre, l'armée russe commença un mouvement de flanc, dont le but était de tourner la droite des Français ; elle défila, pendant quatre lieues, à peu de distance de nos lignes, dont nous semblions ne pas devoir nous écarter ; tout concourait à tromper les Russes sur l'état de notre défense. Pour achever de leur donner le change, Murat fit avancer un petit corps de cavalerie dans la plaine, et lui donna ordre de revenir de suite rejoindre l'armée. Cependant la première colonne russe se plaça en deux lignes, sur les hauteurs de Klein, d'Hostieradeck, et à Aujest, village situé au pied de cette montagne, et baigné de tous côtés par les étangs de Ménitz. La seconde et la troisième colonnes se portèrent des deux côtés du village de Pratzen ; la quatrième marcha vers Menschaas, traversa la grande route d'Austerlitz, et prit position derrière la troisième sur les hauteurs. Le corps de réserve du grand-duc Constantin gagna les montagnes au-delà d'Austerlitz ; sa gauche fut placée vers Kzernowitz, **sa** droite sur la route d'Austerlitz à Brünn. Le prince Bagration envoya son avant-garde au-delà d'Olubitz et de Blazowitz ; le général Kiennayer arriva par Pratzen en avant d'Aujest. Les Français regardaient ces manœuvres avec une apparente indifférence ; ils éloignaient même leurs avant-postes.

Les opinions des généraux français ne s'accordaient pas sur le plan d'attaque. Une proclamation adressée à l'armée lui dévoila les fautes de l'ennemi , qui croyait pouvoir nous prendre par le flanc, et nous investir de toutes parts. Le chef de l'armée parcourut le soir tous les régimens, les anima par ses discours, leur rappela d'antiques lauriers , et leur en fit espérer de nouveaux. En passant devant le 57e. , il lui adressa ces mots : « Souvenez-vous qu'il y a bien long-tems que je vous ai nommé *le terrible ?* » Un enthousiame général animait les soldats ; ils ne respiraient que la guerre ou plutôt la victoire.

Le même jour au soir , le maréchal Davoust reçut ordre de se porter à Reygern , avec la double instruction d'arrêter l'extrême gauche des armées ennemies , dans le cas où une bataille aurait lieu le lendemain ; de con-

tinuer de les envelopper, si elles étaient coupées ; ou de s'emparer, dans le cas contraire ,
des positions de Nicolsburg, et de s'y réunir
avec les divisions Gudin et le maréchal Mortier , afin de placer les Russes entre deux feux.
On apprit au même instant que des bataillons
d'infanterie russes s'étaient montrés devant
Tellnitz et Sokolnitz, et qu'au lieu de fortifier
Pratzen , l'ennemi avait quitté cette position ,
sans doute dans l'intention de présenter la
bataille. Nous fîmes alors tous les préparatifs
nécessaires , soit pour les recevoir, soit pour
les attaquer, si l'occasion était favorable. Le
maréchal Lannes, l'un de nos plus braves officiers-généraux , eut le commandement de
l'aile gauche ; Soult prit celui de l'aile droite ;
le maréchal Bernadotte occupa le centre, et
Murat se mit à la tête de toute la cavalerie.

La gauche du maréchal Lannes était appuyée au *Santon*, forte position, où l'on avait
placé des batteries, et qui était destinée à jouer
un grand rôle : cette gauche était formée par
la division Suchet. Le général Caffarelli commandait la division de droite, qui s'appuyait
au corps de cavalerie de Murat. En avant de
ce dernier, les hussards et les chasseurs étaient
sous les ordres du général Kellermann , et des

divisions de dragons avaient à leur tête les généraux Walter et Beaumont.

Au centre, où commandait le général Bernadotte, la gauche était occupée par le général Rivaud, et la droite par Drouet-d'Erlon.

La droite de l'armée, dirigée par Soult, était formée d'un côté par Vandamme, de l'autre par le général Legrand; la division Saint-Hilaire formait son centre.

Bonaparte, Berthier et Junot se placèrent en réserve avec vingt bataillons, dont dix de la garde, et dix sous les ordres du maréchal Oudinot. Cette réserve était destinée à soutenir les divisions qui pourraient menacer de plier, et porter le dernier coup à l'ennemi, si la balance penchait en notre faveur.

Le 2 décembre au matin, on vit les Russes déserter les hauteurs qu'ils occupaient, et descendre dans la plaine sur cinq colonnes. La veille, ils avaient remarqué dans l'armée française des mouvemens qui leur avaient fait croire que Bonaparte diminuait ses forces au centre pour les reporter sur la gauche. Des signes de fumée qu'ils aperçurent entre Turas et les étangs en arrière de Sokolnitz, leur firent présumer que notre droite était appuyée sur ces étangs, et qu'une réserve avait été

placée à gauche : ces conjectures, qui se trouvèrent fausses, les engagèrent à se porter sur
des points que nous n'occupions pas réellement ; ils disséminèrent leurs forces, et préparèrent leur défaite.

Quand Bonaparte apprit que les Russes descendaient dans la plaine, et que leur projet
semblait être de nous envelopper en faisant un
long circuit, il ordonna à Lannes, à Murat et
à Soult de partir au grand galop. « Combien
» vous faut-il de tems pour couronner les
» hauteurs de Pratzen, dit-il à Soult ? —
» Moins de vingt minutes, répondit le maré
» chal ; car nos troupes sont placées dans le
» fond de la vallée, couvertes par le brouillard
» et la fumée des bivouacs : l'ennemi ne peut
» les apercevoir.—En ce cas, dit Bonaparte,
» attendons encore un quart d'heure. » Plusieurs manœuvres préparatoires se firent en
ordre ; les troupes du maréchal Bernadotte
gravirent les hauteurs ; elles furent suivies de
la garde ; et le chef de l'armée donna le signal
en ces termes : « Soldats, il faut finir cette
guerre par un coup de tonnerre. »

Un instant après, une canonnade s'engagea
à droite. Le 3ᵉ. régiment d'infanterie légère et
un bataillon de tirailleurs du Pô, placés dans

Tellnitz, furent attaqués par un détachement de cavalerie et d'infanterie russes et autrichiennes, puis par des colonnes considérables; mais l'ennemi fut repoussé avec perte : le régiment de Szeckler fut presque détruit. Ce combat durait depuis une heure, quand l'ennemi reçut des renforts, tellement imposans que les Français furent obligés de se retirer ; quatre mille hommes étant venus se joindre à eux, ils reprirent Tellnitz, et le reperdirent encore. C'est là que, pendant trois heures, cinq ou six mille des nôtres furent maîtres d'un défilé, et arrêtèrent près de 45,000 ennemis.

Cependant les 2e. et 3e. colonnes russes avaient quitté les hauteurs de Pratzen, et s'étaient approchées de Sokolnitz. Les Français, maîtres d'une hauteur entre ce village et celui de Kobelnitz, l'avaient fortifiée d'une manière redoutable. Une longue et vive canonnade s'établit, mais elle n'eut d'autre effet que de couvrir de ruines le village de Sokolnitz, dont les Russes parvinrent à s'emparer. Ils s'y précipitèrent en désordre, et ne songèrent point à soutenir les autres colonnes, qui se défendaient vaillamment, mais qui ne pouvaient résister par le défaut d'ensemble dans les opérations de chaque partie de l'armée.

Le centre des Austro-Russes s'isolait de plus en plus. Bonaparte fit précipiter sur ce point des masses destinées à séparer du reste de l'armée l'aile qui s'était avancée vers des positions qu'elle croyait faussement occupées par l'armée ennemie. Soult et le maréchal Bernadotte, Murat et Lannes se dirigèrent successivement sur tous les points occupés par l'ennemi, et le combat devint général. Le grand-duc Constantin, le général Jean de Lichtenstein chargèrent la division du général Kellermann, qui, soutenue par l'infanterie de Lannes et du maréchal Bernadotte, fit faire volte-face à ses troupes légères, passa dans l'intervalle des bataillons, et fit essuyer un double feu aux Russes, qui reçurent en même temps une grêle de balles, et arrivèrent en désordre sur la cavalerie française placée en seconde ligne. Les divisions Caffarelli et Rivaud s'ouvrirent également, et prirent les hulans entre deux feux : alors les Russes tombèrent par centaines, leur général reçut des blessures mortelles.

Au centre, les alliés avaient trente-trois mille hommes ; mais l'éloignement des autres colonnes en faisait un corps particulier, isolé et sans secours ; c'étaient la troisième et la quatrième colonnes. Cette dernière avait

à sa tête l'empereur de Russie et le général
en chef Kutusow. La droite et la gauche de
l'armée étaient l'une en marche, l'autre occupée à Tellnitz. La troisième quittait Pratzen à 9 heures pour marcher sur Sokolnitz,
et la quatrième arrivait sur le terrain que le
général Przibyscheski avait occupé pendant
la nuit, lorsqu'ils aperçurent tout-à-coup
une grande masse d'infanterie frança se qui
s'était dirigée en avant de Pratzen. Ces
troupes, qui étaient celles de Vendamme et
de Saint-Hilaire, se voyant aperçues, s'ébran-
lèrent au moment où l'avant-garde russe s'emparait du village.

Le général Kutusow, surpris de cette marche des Français, sentit toute l'importance de
regagner les hauteurs de Pratzen, sur lesquelles nous nous dirigions, et qui seules pouvaient assurer les derrières de la troisième colonne, qui s'avançait toujours avec la plus
grande imprudence. Il envoya en même temps
chercher au prince de Lichtenstein quatre régimens de cavalerie russe. Cependant les Français s'avançaient à pas lents. Le général de
brigade Levasseur parut sur la droite du village de Pratzen, et menaça de passer entre
la cavalerie russe du prince Lichtenstein qui

s'avançait, et les colonnes qu'elle cherchait à joindre. L'infanterie de la quatrième colonne russe envoya des renforts aux bataillons de son avant-garde, qui était déjà sur la hauteur ; mais, attaquée par des forces supérieures , cette avant-garde fut obligée de l'abandonner après une faible résistance. Les Russes s'efforcèrent de regagner le terrain qu'ils avaient perdu ; mais ce fut en vain : les Français marchèrent sur eux, et commencèrent une fusillade très-meutrière. Ces troupes se développèrent ; peu-à-peu leurs masses se mirent en bataille sur plusieurs lignes , et marchèrent rapidement sur la hauteur, s'appuyant à gauche sur l'église du village , à droite au point le plus élevé de ces hauteurs.

Les Russes firent un second effort pour en débusquer les Français, et tentèrent d'abord de les prendre en flanc. Deux brigades autrichiennes s'avancèrent pour soutenir les Russes poussés en avant. Les premiers bataillons attaquèrent avec intrépidité un régiment français qui avait atteint le premier la sommité du plateau. Déjà ce corps trop faible était forcé de faire sa retraite, quand un renfort qu'il reçut le mit à même de reprendre sa supériorité. L'ennemi reçut également un renfort ;

mais l'habileté de nos manœuvres empêcha qu'il ne réussît. Il s'élança sur nous la baïonnette en avant, en poussant d'horribles cris : cette attaque ne put ébranler les bataillons français qui, par des décharges d'artillerie non interrompues, firent mordre la poussière à un grand nombre de Russes. Alors leurs bataillons s'arrêtèrent, dans une sorte d'incertitude; attaqués à leur tour par les Français devenus assaillans, ils cédèrent à l'impétuosité de nos troupes, quittèrent le plateau, et prirent la fuite en désordre, abandonnant leur artillerie, qui fut tournée contre eux-mêmes, et leur fit un mal épouvantable : le sort de la bataille fut dès lors décidé.

D'autres combats partiels avaient lieu à Blazowitz, qui fut enlevé au grand-duc Constantin par le maréchal Bernadotte. Là, comme sur les autres points, l'ennemi fit des pertes immenses : il fut mitraillé, poursuivi, écrasé sans ressource. Une charge brillante du corps du maréchal Bessières renversa des bataillons entiers. Le grand-duc Constantin ne dut lui-même son salut qu'à la vîtesse de son cheval. Un autre engagement se passait à la position du *Santon*, que le maréchal Lannes avait fortifiée d'après les instructions de Bonaparte, et

qui devait servir à couvrir notre retraite en cas
de revers. Le prince Bagration l'attaqua avec
une imprudence qui lui coûta cher, et fut obligé
de se retirer après une grande perte. La cavalerie russe, encore intacte, fut chargée par
ordre de Murat : les généraux Nansouty,
d'Hautpoult, Walther et Beaumont la renversèrent ; ce qui put échapper se dirigea sur
Wischau, abandonnant sur la route la plus
grande partie de ses équipages.

On s'accorde à penser que ce ne fut pas le
défaut de bravoure qui fit perdre la bataille à
l'armée austro-russe. Mais leurs plans ayant
été dérangés par la position des Français,
leurs colonnes disséminées se battirent sans
ensemble ; il n'y eut dans leurs opérations aucune unité, tous leurs mouvemens étaient in-
certains et sans but ; chaque corps se battit
vaillamment de son côté, mais nul ne se tint
prêt pour soutenir les autres en cas de revers.
Pour l'armée française, elle ne laissa échapper aucune occasion de profiter des fautes de
l'ennemi, de ses manœuvres incohérentes, et
de l'imprudence des généraux alliés.

A Sokolnitz, deux colonnes austro-russes
s'étaient encombrées pendant le brouillard du
matin ; ce village fut enveloppé par les géné-

raux Saint-Hilaire et Legrand. Le colonel Francheski chargea la tête d'une des colonnes ennemies qui était parvenue à en sortir; presque tous les régimens qui étaient, soit dans l'intérieur, soit dans les environs du village, furent obligés de capituler. Le lieutenant-général Przibyschescky fut pris.

Les débris de la seconde colonne marchèrent vers Aujest; et, ayant appris que le centre de l'armée était attaqué, elle voulut lui porter secours, et prit une fausse direction. Quand ils arrivèrent dans Aujest, la division Vandamme fondit des hauteurs que nous occupions sur ce village, et s'en empara. Quatre mille Russes furent pris avec leurs canons. Le reste s'enfuit vers Austerlitz avec le général Buxhoewden, qui commandait la colonne mise en déroute.

Alors arriva une effroyable catastrophe, trop commune pendant la guerre, et qui rappela la journée d'Aboukir, où dix mille Turcs se jetèrent dans les flots. Une batterie de cinquante pièces de canon, protégée par quatre bataillons russes et par les restes de la colonne du général Buxhoewden, n'ayant pu se retirer à Aujest, voulut suivre une ancienne digue submergée, et qui paraissait assez fortement prise, pour porter un poids considérable : les Russes se jetèrent en foule sur la glace qui manqua et engloutit en un moment hommes, chevaux, voitures, canons. Des milliers de soldats périrent, et leurs adversaires eux-mêmes ne purent soutenir cet horrible spectacle sans donner quelques larmes à ces victimes de leur bravoure et de leur dévouement.

Cette scène affreuse se reproduisit encore une heure après sur les étangs de Menitz, que l'infanterie russe, vivement pressée par les Français, entreprit de franchir.

Il ne fut plus alors question que de retraite. Le général Dochtorow, étant parvenu à rassembler en désordre les débris de l'infanterie russe, voulut s'échapper, lorsque les Français, par une manœuvre surprenante, quittèrent Austerlitz, descendirent des hauteurs dans la plaine ; le général Vandamme se porta sur l'ennemi rassemblé entre Tellnitz et Ménitz ; et la cavalerie autrichienne, qui cherchait à couvrir cette retraite, fut criblée par la mitraille. La garde impériale, qui était à la tête de cette colonne française, renversa par le feu le plus violent des colonnes entières, et de quatre-vingt-douze bataillons, huit mille hommes seulement parvinrent à se sauver.

Toutes les pièces de canon, au nombre de 150, tombèrent entre nos mains.

(1) On évalue la perte des alliés à 40 mille hommes, dont quinze généraux, et quatre à cinq cents officiers; les uns furent pris, les autres tués; d'autres encore périrent de faim dans les bois. De notre côté, on ne comptait qu'environ 1,000 hommes tués, et 15 à 1,600 blessés. Le général Saint-Hilaire, blessé le matin, continua cependant de se battre pendant toute la journée. Les généraux Walther et Kellermann, Thiébaut, Sébastiani, Compan et Rapp furent aussi blessés. Le général Friant eut quatre chevaux tués sous lui. Toute l'armée se couvrit de gloire. Il faudrait nommer chaque bataillon, chaque compagnie, chaque soldat, pour n'être pas injuste. On cite cependant parmi ceux qui sont les plus

---

(1) Dans une relation officielle, le général russe Kutusow prétendit que les Français ne durent leur succès qu'à leur supériorité en nombre, qu'ils furent battus presque toute la journée, et qu'enfin leur perte fut beaucoup plus considérable que celle des Russes. Le même général rejette sur ses alliés, les Autrichiens, les fautes qui décidèrent la perte de la bataille. Aucune de ces assertions n'est conforme à la vérité.

dignes d'éloges, les colonels Conroux , Demoustier , Francheski.

Le général Valhubert, les colonels Lacuée, Morland et Chaloppin furent tués. Quarante-cinq drapeaux , et tous les étendards de la garde impériale russe furent pris. Le prince-Repnin fut au nombre des prisonniers.

Voici les noms de quelques-uns des officiers français blessés à la bataille d'Austerlitz.

Colonels.

Lacour , 5.ᵉ régiment de dragons.

Digeon , 26.ᵉ de chasseurs.

Bessières (frère du maréchal), 11.ᵉ de chasseurs.

Gérard , aide-de-camp du maréchal Bernadotte.

Marès, aide-de-camp du maréchal Davoust.

Chefs de bataillon.

Perrier, 36.ᵉ régiment d'infanterie de ligne.

Guye , 4.ᵉ de ligne.

Schwiter , 57.ᵉ de ligne.

Abrissot , chef de bataillon de génie.

Chefs d'escadron.

Grumbiot , 2.ᵉ de carabiniers.

Didelon , 9.ᵉ de dragons.

Boudichon , 4.e de hussards.
Rabier , du 55.e de ligne.
Mobillard , *idem.*
Profit , du 43.e de ligne.
Trevillé, du 26.e de chasseurs.
David , du 2.e de hussards.
Beyermann, des chasseurs de la garde.

Dohn , }
Thiry , } *idem.*

Capitaines.

Tervé , des chasseurs à cheval de la garde.
Geist, *idem.*

Lieutenans.

Buzot ,
Barbanègre ,
Guyot ,
Fournier ,
Adet ,
Bayeux ,
Renno. } lieutenans des chasseurs à cheval de la garde.

Menager ,
Rollet , } lieutenans des grenadiers à cheval de la garde.

Le gouvernement français récompensa magnifiquement les vainqueurs d'Austerlitz. De pensions furent accordées aux veuves des officiers et des soldats. Leurs enfans, adoptés par la patrie, reçurent une éducation gratuite ; les filles furent dotées, les hommes obtinrent de l'avancement ; tout soldat blessé reçut trois mois de solde, à titre de gratification. Dans une proclamation adressée à l'armée, on remarque ces paroles dignes d'être à jamais retenues par les Français. « Soldats, lorsque « vous retournerez en France, le peuple vous « recevra avec joie, et il vous suffira de dire : « *J'étais à la bataille d'Austerlitz*, pour que « l'on réponde : *Voilà un brave.* »

Le soir de la bataille, le chef de l'armée parcourut les plaines que notre victoire a rendues immortelles ; rien n'était plus attendrissant que les discours des blessés aux gardes chargés de les transporter aux ambulances : « *Je souffre depuis le commencement de la ba-* « *taille, disait l'un ; je suis abandonné, mais* » *j'ai bien fait mon devoir.* « Un autre demandait si la victoire avait été gagnée par les Français.

Le commandant de l'artillerie russe, ayant été fait prisonnier, rencontra Bonaparte : «*Gé-* « *néral*, lui dit-il, *faites-moi fusiller, je viens* « *de perdre mes pièces. — Jeune homme*, répon- « dit celui-ci, *j'apprécie vos larmes, mais on*

« *peut être battu par l'armée française, et*
« *avoir encore des titres de gloire.* »

Le général Valhubert, blessé à mort, repoussa les secours de ses frères d'armes, qui
oubliaient près de lui leur devoir : « *Souvenez-*
« *vous de l'ordre du jour*, dit-il, *si vous revenez*
« *vainqueurs, on me relèvera après la bataille ;*
« *si vous êtes vaincus, je n'attache plus de prix*
« *à la vie.* » Il mourut content, en recevant
la nouvelle de la victoire. Sa main défaillante
écrivit ces mots à Bonaparte : « *J'aurais voulu*
« *faire plus pour la patrie ; je meurs dans une*
« *heure ; je ne regrette pas la vie, puisque j'ai*
« *participé à la victoire : quand vous penserez*
« *aux braves, pensez à moi.* »

Un carabinier du 10e d'infanterie légère
eut le bras gauche emporté par un boulet de
canon : « Aide-moi, dit-il à son camarade, à
« ôter mon sac, et cours me venger ; je n'ai
« pas besoin d'autre secours. » Il met ensuite
son sac sur son bras droit, et marche seul
vers l'ambulance.

Le brave général Thiébaut, dangereuse-
ment blessé, était transporté par quatre prisonniers russes ; six Français blessés l'aperçoivent, ils chassent les Russes, et saisissent le
brancard en disant : « C'est à nous seuls qu'ap-

« partient l'honneur de porter un général
« français blessé. »

Un des régimens qui se sont le plus distingués est le 57.e de ligne que Bonaparte avait
surnommé *le terrible*, et auquel, avant la bataille, il avait rappelé son devoir. Ce régiment
était composé presque en entier de conscrits
du Calvados et de la Seine-Inférieure. Aussi
le soir on fit d'eux cet éloge : « Les Normands
ont tenu parole, ils se sont distingués. »

La garde à pied n'ayant pu donner, elle en
pleurait de rage. Comme elle demandait absolument à faire quelque chose : « Réjouissez-
« vous de ne rien faire, lui dit le chef, vous
« devez donner en réserve ; tant mieux si l'on
« n'a pas besoin de vous aujourd'hui. »

Un bataillon français avait perdu son étendard ; quelques jours après, Bonaparte passant
la revue, s'aperçut qu'il manquait : *Soldats*,
dit-il, *qu'avez-vous fait de l'étendard que je
vous avais donné ? Vous aviez juré qu'il vous
servirait de point de ralliement, et que vous le
défendriez au péril de votre vie. Comment avez-
vous tenu votre promesse ?* Le major répondit
que, le porte-drapeau ayant été tué dans une
charge au milieu de la mêlée, personne ne
s'en était aperçu à cause de la fumée, et que le

bataillon ne s'était aperçu que long-temps
après de la perte de son étendard ; que la
preuve qu'ils avaient été réunis, est qu'un
moment après ils avaient pris deux drapeaux
sur les Russes ; qu'ils en faisaient hommage
à l'empereur, et demandaient en place qu'on
leur rendît leur étendard.

« *Officiers et soldats*, dit le chef de l'armée,
« *jurez qu'aucun de vous ne s'est aperçu de la*
« *perte de son étendard, et que si vous vous*
« *en étiez aperçus, vous vous seriez précipités*
« *pour le reprendre, ou que vous auriez péri*
« *sur le champ de bataille, car un soldat qui*
« *a perdu son étendard a tout perdu.* » Au
même instant, mille cris retentissent : *Nous
le jurons !* — Leur drapeau leur fut rendu par
Bonaparte.

Tandis que la joie et l'enthousiasme régnaient dans l'armée française, l'ennemi
cherchait à rallier les misérables débris d'une
armée si belle quelques jours auparavant : partout, dans le camp des Empereurs, régnaient
la désolation, le silence, la mort. Dans une
muette douleur, les soldats, les officiers, les
généraux, semblaient comme accablés par le
poids de leur infortune. Où étaient alors cette
présomption, ces espérances d'une victoire

assurée ? Que restait-il de 105,000 hommes? quelques corps épars, répandus dans le pays, et tombant à chaque instant entre les mains des Français ; pas un ne s'était sauvé tout entier.

Sur le champ de bataille, des milliers de Russes poussaient des cris de douleur qui n'étaient point entendus. Dès le soir tous les blessés français étaient relevés ; mais, chose horrible ! 48 heures après, des Russes et des Autrichiens restés pêle-mêle dans les plaines de Pratzen, expiraient d'une mort lente, implorant en vain des secours qui leur sauvassent la vie, ou une main qui leur fermât les yeux.

Les empereurs d'Allemagne et de Russie envoyèrent dès le lendemain demander une entrevue à Bonaparte. Le 4 décembre, une conférence fixa les bases d'un armistice. Il fut convenu que les hostilités cesseraient, que l'empereur de Russie renverrait ses troupes par étape jusque dans leur pays, et que de suite on s'occuperait de fonder une paix solide.

Le 6, l'armistice fut signé. L'empereur Alexandre retourna dans sa capitale avec le prince de Lichtenstein ; sa garde noble, ses chevaliers-gardes furent renvoyés sans rançon. Le prince Repnin obtint aussi sa liberté.

Le 26 décembre, la paix fut conclue à Presbourg. Le grand empire germanique fut dissous, les rois de Bavière et de Wurtemberg reconnus, Venise, les duchés de Parme et de Plaisance, Gênes et la Toscane, réunis au royaume d'Italie, sous la domination française.

Nos troupes, à l'exception de la garde, prirent leurs quartiers d'hiver en Allemagne.

CHAPITRE IV.

CAMPAGNES DE PRUSSE ET DE POLOGNE.

1806. — 1807.

Causes de la rupture entre la Prusse et la France. — Ouverture de la campagne.—Combat de Schleitz. — Mort du prince Louis de Prusse. — Bataille d'Jéna. — Entrée à Berlin.

Les différens élevés entre les cours d'Autriche et de France avaient été terminés à la pointe du glaive ; la mémorable victoire d'Austerlitz, en détruisant les ressources du cabinet de Vienne, l'avait forcé à demander une paix qui , bien qu'on eût ménagé l'amour-propre de l'empereur d'Autriche , n'en était pas moins humiliante pour ce souverain, obligé de démembrer pièce à pièce son royaume d'Italie et plusieurs de ses Etats d'Allemagne pour contenter l'avidité du vainqueur. Le grand-duché de Berg, le royaume de Naples, le Tyrol, une partie de l'Italie avaient été, si non réunis entièrement à la France, du moins placés sous l'autorité des membres de la famille de Napoléon, et sous l'influence immédiate du gouvernement français. Telle était la puissance colossale que la bataille d'Austerlitz, ajoutée à tant d'autres victoires, nous avait donnée, que Bonaparte pouvait tout exiger des peuples vaincus, et que ceux-ci ne pouvaient rien refuser s'ils étaient jaloux de conserver leur existence politique.

L'Angleterre, qui, par ses richesses et son influence maritime, était parvenue tant de fois à diviser les peuples du continent, à allumer une guerre utile à ses intérêts, se trouvait aujourd'hui dans un abandon absolu. Ses troupes ignominieusement chassées de Naples, les ports des villes maritimes de l'Allemagne fermés à ses vaisseaux, la Baltique interdite à son commerce, tout tendait à réaliser contre elle le système favori de Bonaparte, le blocus continental. La Prusse, forcée, contre son propre intérêt et par conséquent son inclination naturelle, de prohiber les marchandises anglaises, avait adhéré aux dispositions du traité de paix. Mais elle renfermait mal son mécontentement; et déjà, dès le mois de février 1806, les journaux français semblaient insinuer que la faction anglaise levait la tête en ce pays.

Une partie des armées françaises était restée en Allemagne, et environnait de toutes parts les États prussiens. Le roi de Saxe, dont tous les partis ont loué les vertus, avait adhéré au traité fait par la France; aussi fut-ce avec un grand étonnement qu'on apprit que le roi de Prusse, après avoir mis ses armées au grand complet, marchait sur la Saxe, et, en temps de paix, s'emparait des états d'un roi voisin. On se demanda comment la Prusse qui avait reconnu l'acte de confédération par lequel les petits États du Rhin étaient affranchis, et qui laissait ceux qui ne le reconnaissaient pas encore dans une entière liberté de le reconnaître ou de vivre indépendans, pouvait réclamer de plusieurs puissances de la confédération le droit de suzeraineté, de cour aulique, aboli par le nouvel ordre de choses. M. de Talleyrand, ministre des relations extérieures, et M. de Knobelesdorff échangèrent plusieurs notes diplomatiques, dans lesquelles l'un demandait des éclaircissemens sur la conduite de la Prusse, et l'autre répondait évasivement par des protestations de fidélité. Enfin, Napoléon déclara qu'il ne pouvait, dans l'intérêt de la France, laisser la conduite de la Prusse secrète; il sollicita instamment une réponse directe, et voici celle qu'il reçut.

Après avoir déclaré combien il était pénible pour le roi de Prusse de rompre la bonne intelligence qui existait entre elle et l'empereur des Français, le ministre de S. M. prussienne explique en ces termes les motifs de la conduite de son maître :

« La Prusse a été inutilement neutre, amie, alliée même de la France. Les bouleversemens qui l'entourent, l'accroissement gigantesque d'une puissance essentiellement militaire et conquérante, qui l'a blessée successivement dans ses plus grands intérêts, et la menace dans tous, la laissent aujourd'hui sans garantie. Cet état de choses ne peut durer. Le roi ne voit presque plus autour de lui que des troupes françaises, ou des vassaux de la France prêts à marcher avec elle. Toutes les déclarations de S. M. I. annoncent que cet état de choses ne changera point ; loin de là, de nouvelles troupes s'ébranlent de l'intérieur de la France (1). Déjà des journaux de la capi-

____

(1) Ici la Prusse avait quelque raison de s'alarmer

tale se permettent contre la Prusse un langage dont un souverain tel que le roi peut mépriser l'infamie, mais qui n'en prouve pas moins ou les intentions, ou l'erreur du gouvernement qui les souffre. Le danger croît chaque jour: il faut s'entendre d'abord, ou l'on ne s'entendrait plus. »

Le rédacteur de la note diplomatique demandait ensuite, au nom du roi de Prusse, l'évacuation des troupes françaises des Etats allemands; la libre formation d'une ligue du Nord avec les Etats non nommés de la confédération du Rhin ; la séparation de Wesel de l'empire français. Ces conditions devaient être remplies de suite, sinon la Prusse serait obligée de se considérer comme en état de guerre avec la France.

On conçoit aisément quelle impression ces réclamations durent produire sur l'esprit d'un chef orgueilleux, et encore exalté par le souvenir récent de la victoire d'Austerlitz ; c'était une déclaration de guerre que la Prusse faisait à la France ; et, d'après le caractère

en temps de paix ; les conscriptions n'étaient point interrompues en France, et les armées augmentaient chaque jour.

tonnu de Bonaparte, il n'y avait plus de paix possible entre les deux puissances. Celui-ci releva le gant; il donna des ordres pour l'ouverture d'une nouvelle campagne. L'armée française, dont plusieurs corps étaient déjà rentrés en France, prit la route de la Prusse. Le maréchal Lefèvre partit d'Augsbourg pour se rendre à Dunkelsbulh; le prince de Ponte-Corvo se porta en avant de Nuremberg et d'Anspach; Augereau prit position près de Limbourg, sur la Lahn; d'autres corps se dirigèrent sur Furth, où ceux qui arrivèrent du haut Palatinat firent leur jonction. En même temps on renforça les garnisons de la Wétérayie; Venlo fut réparée, et on approvisionna Maëstricht; la Hollande fut mise en état de défense. Ces dernières précautions étaient justifiées par la crainte d'une levée de boucliers de la part des Anglais, qui semblaient les véritables agens de cette guerre nouvelle. La Russie, qui avait refusé de sanctionner le traité conclu par ses plénipotentiaires avec ceux de la France, tenait aussi une conduite équivoque, et paraissait disposée à embrasser la cause de la Prusse. Le roi de Prusse, qui occupait la Saxe, était parvenu à contraindre ce royaume de lui fournir des hommes et des subsides La Hesse avait également été forcée de s'unir au cabinet de Postdam, qui trouvait ainsi 140 mille hommes sous ses ordres, partagés en deux corps, l'un dirigé sur la Westphalie, l'autre sur la Souabe.

Bonaparte partit de Saint-Cloud le 25 septembre 1806, laissant une lettre au Sénat, dans laquelle il rendait compte de ses motifs. Depuis vingt jours il était parti, et la France ne savait pas encore le but du voyage; le Moniteur du 15 octobre vint le lui révéler.

Arrivé le 6 octobre à Bamberg, Bonaparte fit publier une proclamation à l'armée.

« Soldats, leur disait-il, l'ordre pour votre rentrée en France était parti, vous vous en étiez déjà rapprochés de plusieurs marches, des fêtes triomphales vous attendaient, et les préparatifs pour vous recevoir étaient commencés dans la capitale.

» Mais, lorsque nous nous abandonnions à cette trop confiante sécurité, de nouvelles trames s'ourdissaient sous le masque de l'amitié et de l'alliance. Des cris de guerre se sont fait entendre à Berlin; depuis deux mois nous sommes provoqués tous les jours davantage.

» La même faction, le même esprit de vertige qui, à la faveur de nos dissentions intestines, conduisit, il y a quatorze ans, les Prussiens au milieu des plaines de la Champagne, domine dans leurs conseils. Si ce n'est plus Paris qu'ils veulent brûler et renverser jusque dans ses fondemens, c'est aujourd'hui leurs drapeaux qu'ils se vantent de planter dans les capitales de nos alliés; c'est la Saxe qu'ils veulent obliger à renoncer, par une transaction honteuse, à son indépendance, en la rangeant au nombre de ses provinces; c'est enfin vos lauriers qu'ils veulent arracher de votre front : ils veulent que nous évacuions l'Allemagne à l'aspect de leur armée! Les insensés! Qu'ils sachent donc qu'il serait mille fois plus facile de détruire la grande capitale, que de flétrir l'honneur des enfans du grand peuple et de ses alliés. Leurs projets furent confondus alors; ils trouvèrent, dans les plaines de Champagne, la défaite, la mort et la honte : mais les leçons de l'expérience s'effacent, et il est des hommes chez lesquels les sentimens de la haine et de la jalousie ne s'effacent jamais.

» Soldats! il n'est aucun de vous qui ne veuille retourner en France par un autre chemin que par celui de l'honneur; nous ne devons y rentrer que sous des arcs de triomphe.

» Eh quoi! aurions-nous donc bravé les saisons, les mers, les déserts; vaincu l'Europe plusieurs fois coalisée contre nous; porté notre gloire de l'Orient à l'Occident, pour retourner aujourd'hui dans notre patrie comme des transfuges. après avoir abandonné nos alliés, et pour entendre dire que les armées françaises ont fui épouvantées à l'aspect des armées prussiennes ! Mais déjà ils sont sur nos avant-postes.

» Marchons donc, puisque la modération n'a pu les faire sortir de cette étonnante ivresse. Que l'armée prussienne éprouve le même sort qu'elle éprouva il y a quatorze ans! qu'ils apprennent que, s'il est facile d'acquérir un accroissement de domaines et de puissance avec l'amitié d'un grand peuple, son inimitié (qu'on ne peut provoquer que par l'abandon de tout esprit de sagesse et de raison) est plus terrible que les tempêtes de l'Océan. »

Tandis que Bonaparte faisait publier cette proclamation, les généraux de l'armée prussienne ne perdaient point de temps. Le général comte de Kalkreuth quittait la Poméranie avec le corps sous ses ordres; les forces prussiennes se concentraient dans la Saxe, et le quartier-général s'établissait d'abord à Naumbourg, ensuite à Weimar. Cependant le royaume de Saxe, malheureux et innocent sujet de la guerre, en devenait le principal foyer. Justement effrayé des dangers qui l'environnaient de toutes parts, le gouvernement faisait transporter tous les effets précieux, les archives, le trésor public, etc., à Kœnigstein, place presque imprenable, et approvisionnée de tous les objets nécessaires pour soutenir un long siége.

Le 8 octobre, le chef de l'armée française publia deux bulletins de la grande armée : on y exposait les motifs de la guerre actuelle. Elle était, suivant Bonaparte, l'effet des alarmes que le dernier traité de la France avec la Russie avait inspirées au gouvernement prussien ; de la conscience que le cabinet de Berlin avait de ses torts envers toutes les puissances du continent ; de la crainte d'un article secret du traité, par lequel plusieurs provinces gouvernées par le roi de Prusse auraient été promises tant au prince Constantin qu'à l'Autriche (1).

Les torts de la Prusse envers la France, envers la Russie et l'Autriche étaient longuement

---

(1) Ce traité n'avait pas été ratifié à Pétersbourg. La suite apprit que la Russie, comme nous l'avons déjà dit, n'était pas étrangère à la guerre.

exposés ; mais, par l'effet d'une modération qui semble louable, le rédacteur du Bulletin rendait hommage au caractère du roi de Prusse, et le peignait comme la victime des factions qui depuis quinze ans faisaient de la cour de Berlin une arène, où tour-à-tour les partis se combattaient et triomphaient. Le roi de Prusse était obligé de céder, sans cesser d'être honnête homme, aux instigations de la reine, du duc de Brunswick, des généraux Ruchel et Blucher.

Ces détails sur les motifs de la guerre étaient suivis de l'itinéraire des armées.

Le 25 septembre, deux coups de carabine furent tirés par les hussards prussiens sur un officier de l'état-major français. Les deux armées pouvaient se considérer comme en présence.

Le 7 octobre, Bonaparte reçut un courrier de Mayence, dépêché par M. de Talleyrand, lequel apportait, avec d'autres dépêches, un pamphlet contre la France, attribué faussement au roi de Prusse, mais signé de lui. Bonaparte, après l'avoir lu, dit aux personnes qui l'entouraient : « Je plains mon frère le roi de Prusse, il n'entend pas le français ; il n'a pas sûrement lu cette rapsodie. » Lisant ensuite la note du ministre prussien dont nous avons parlé : « Maréchal, dit-il à Berthier, on nous donne un rendez-vous d'honneur pour le 8, jamais un Français n'y a manqué; mais, comme on dit qu'il y a une belle reine qui veut être témoin des combats, soyons courtois, et marchons sans nous coucher pour la Saxe. »

Suivaient d'autres réflexions sur la reine de Prusse, qui était dépeinte comme une *virago* portant l'uniforme des dragons, et écrivant des lettres pour exciter l'ardeur des soldats. Le rédacteur du Bulletin la comparait à Armide mettant dans son égarement le feu à son propre palais (1).

Tel était le plan de marche des armées :

La droite, composée des corps des maréchaux Soult et Ney, et une division des Bavarois, partie d'Amberg et de Nuremberg, réunie à Baireuth, devait se porter sur Hoff.

Le centre, composé de la réserve du grand-duc de Berg (Murat), du corps du maréchal prince de Ponte-Corvo (Bernadotte, depuis

---

(1) Nous sommes loin d'approuver ces invectives amères contre la reine Prusse ; la fidélité de notre récit nous a fait un devoir de les rapporter.

prince royal de Suède), du maréchal Davoust, et de la garde impériale, débouchant par Bamberg sur Cronach, devait arriver à Saalbourg, et de là se porter par Saalbourg et Schleitz sur Géra.

La gauche, composée des corps des maréchaux Lannes et Augereau, était dirigée de Shewufurth sur Cobourg, Graffental et Saalfeld.

L'armée prussienne, concentrée entre la Saale et la Werra, avait sa droite à Eisenach, le centre à Gotha-Erfurt, la gauche à Weimar, appuyée sur les hauteurs qui couronnent le pays entre cette ville et Jéna. Son front, dans toute son étendue, était couvert par les bois de la Thuringe, et par la chaîne de montagnes qui bordent la frontière de la Saxe, et traversent cette contrée, en se dirigeant vers le nord de la Hesse. Sa ligne était appuyée par des avant-postes nombreux; à gauche, un corps de troupes était établi sur la rive droite de la Saale, renforcé par les postes de Schleitz, Saalfeld, Saalbourg et Hoff. Cette position, quoique forte et défendue par des troupes nombreuses, avait le défaut de trop donner à la droite, et trop peu à la gauche, et d'être ainsi facile à tourner.

La direction de l'armée française, portée vers la gauche de l'armée prussienne, la mit à même de profiter de la faute des ennemis, et d'éluder les obstacles que présentait sa position.

Le 7 octobre, le maréchal Soult fit son entrée à Baireuth ; il se présenta le 9 à Hoff, et enleva tous les magasins de l'ennemi, après avoir fait plusieurs prisonniers.

Le 8, l'armée, après avoir quitté Bamberg, se porta sur Schleitz. Le chef assista au premier combat de la campagne.

Au passage de la Saale par le corps de Murat, un régiment prussien s'efforça d'arrêter les troupes françaises. une canonnade d'une demi-heure fut tout ce qu'il put opposer à la bravoure de son ennemi ; menacé d'être tourné, il abandonna sa position.

Le 9, le combat de Schleitz, le premier de la campagne, eut lieu entre quelques régimens de l'armée française et 9,000 Prussiens commandés par un général de cette nation. Murat y était avec le corps sous ses ordres. Le Prince de Ponte-Corvo fut chargé d'attaquer et d'enlever le village. Il fit ses préparatifs, se mit à la tête de ses colonnes ; le village fut enlevé, et l'ennemi poursuivi. On assure

que la plus grande partie de la division prussienne eût été prise, si elle ne se fût échappée
à la faveur de la nuit. On cite parmi les généraux et les corps qui se sont le plus distingués,
le général Wattier, le 4.e régiment de hussards, le 5.e régiment de chasseurs, et quatre
compagnies du 27.e d'infanterie légère, qui,
chargées en plaine par des hussards prussiens,
jonchèrent de morts le champ de bataille :
quatre cents cavaliers prussiens furent tués,
entre autres un colonel ; il nous resta trois
cents prisonniers. L'infanterie prussienne
jeta les armes, épouvantée devant les armées
française. Le général Maison commandait
l'infanterie légère ; Murat combattait au milieu des charges le sabre à la main.

Ce combat fut suivi de plusieurs autres les
jours suivans. Le 11, le général Lasalle culbuta les bagages ennemis : cinq cents voitures
de bagages restèrent au pouvoir des hussards
français : l'or couvrait notre cavalerie légère.
La gauche de l'armée ne se distinguait pas
moins que le centre et l'aile droite. Le maréchal Lannes attaqua le 10, à Saalfeld, l'avant-
garde du prince Hohenlohe, commandée par
le prince Louis de Prusse. Le 9.e et le 10.^e
régimens de hussards, sous les ordres du gé-

néral Suchet, suffirent pour culbuter une partie de la cavalerie prussienne dans un marais, et à disperser l'autre dans les bois. La perte de l'ennemi a été évaluée à 600 hommes et 1,000 prisonniers ; 30 pièces de canon restèrent en notre pouvoir.

C'est à ce combat qu'est mort courageusement le jeune et malheureux prince Louis de Prusse, digne par ses qualités personnelles d'un sort meilleur et d'une plus longue existence. Voyant la déroute de ses gens, ce brave jeune homme se prit corps à corps avec un maréchal-des-logis du 10.ᵉ régiment de hussards. *Rendez-vous, Colonel,* lui dit le hussard, *ou vous êtes mort.* Le prince, pour toute réponse, lui porta un coup de sabre; le maréchal-des-logis riposta, et é endit le prince roide mort. Cette fin, qui est celle d'un soldat, le rend digne de l'estime de ses ennemis eux-mêmes. Deux de ses aides-de-camp furent tués en combattant à ses côtés.

Tandis que ces combats se livraient en avant des armées, les troupes prussiennes occupaient Eisenach, Gotha, Erfurt et Weimar.

Si la Prusse avait déjà perdu le prince Louis de Prusse, l'armée française avait à regretter le capitaine Campo-Basso du 27.ᵉ régiment d'infanterie légère, officier distingué et soldat courageux. Notre perte, au reste, était peu considérable. Ces succès, faibles en comparaison de ceux qui devaient les suivre, n'étaient que le prélude de la mémorable journée d'Jéna. Cette bataille, qui décida du sort du reste de la campagne, avait été précédée de quelques avantages remportés par les maréchaux Davoust et Ponte-Corvo.

Le 12, l'armée française occupait Leist, Gérau, Neustadt, Naumbourg, Jéna et Kala.

Le 13, Murat et Davoust, avec leurs corps d'armée, étaient à Naumbourg, et avaient des partis sur Leipsick et Halle.

Le prince de Ponte-Corvo marchait vers Dornnbourg; le maréchal Lannes marchait sur Jéna. Le corps du maréchal Augereau était à Kala, et celui de Ney à Roda; le quartier-général à Géra.

Le corps du maréchal Soult marchait vers l'embranchement des routes de Naumbourg et d'Jéna.

Le roi de Prusse ayant pris la résolution de commencer les hostilités le 9, en débouchant sur Francfort par sa droite, sur Wurtzbourg par son centre, sur Bamberg par sa gauche, toute son armée était disposée pour l'exécution de ce plan; mais l'armée française, par sa marche sur l'extrémité de sa gauche , se trouva en peu de jours à Saalbourg , à Lobenstein , à Schleitz, à Géra, à Naumbourg; et l'ennemi fut forcé de rappeler ses divers détachemens. Le 13, il se trouva au nombre d'environ 150,000 hommes entre Capelsdorf et Auerstadt; le général Tavenzien commandait : c'est alors qu'il présenta la bataille.

Le 13, à deux heures après-midi, le chef de l'armée arriva à Jéna. Il aperçut, d'un petit plateau qu'occupait l'avant-garde, les dispositions des Prussiens; ils semblaient manœuvrer pour se préparer à une attaque qu'ils devaient faire le lendemain, et pour forcer les débouchés de la Saale. L'ennemi était en force, dans une position inexpugnable ; il défendait la chaussée d'Jéna et de Weimar , semblant croire que les Français ne pourraient se frayer un chemin dans la plaine sans forcer ce passage. Il ne paraissait pas possible en effet de faire monter l'artillerie sur un plateau si étroit, qu'à peine quatre bataillons pouvaient s'y déployer. Toute la nuit fut employée à creuser le roc, et on parvint, contre l'opinion de l'ennemi , à faire monter de l'artillerie sur la pointe du plateau.

Davoust reçut l'ordre de déboucher par Naumbourg, pour défendre les défilés de Kœsen, si l'ennemi voulait marcher sur Naumbourg, ou pour se rendre à Apolda pour le prendre par-derrière, s'il persistait à occuper la même position.

Le corps du prince de Ponte-Corvo fut destiné à déboucher de Dornnbourg pour tomber sur les derrières de l'armée prussienne, soit qu'elle se portât sur Naumbourg, soit qu'elle occupât Jéna.

La grosse cavalerie n'avait pas encore rejoint l'armée. Elle ne pouvait arriver avant midi; la cavalerie de la garde était encore éloignée d'un jour et demi, malgré ses marches forcées. Cependant il fallait attaquer. L'intérêt de l'armée l'exigeait impérieusement. Tout le corps du maréchal Lannes fut rangé sur le plateau occupé par l'avant-garde, et qui paraissait négligé de l'armée ennemie. Le général Victor rangea ce corps de sorte que chaque division formât une aile. La garde fut rangée au sommet en bataillon carré par le maréchal Lefèvre. La nuit offrait un spectacle bien digne d'être observé. Deux armées, dont l'une déployait son front sur six lieues d'étendue, et de ses feux embrasait l'atmosphère ; l'autre, dont les feux apparens étaient rassemblés sur un point. Dans l'une et dans l'autre, même activité, même mouvement. Les feux étaient rapprochés ; les sentinelles se touchaient presque, et aucun bruit causé d'un côté n'étaient perdu pour l'autre.

A la pointe du jour, toute l'armée se prépara à combattre. Sur la gauche du plateau le général Gazan avait rangé sa division sur trois lignes. A droite, était celle du maréchal Suchet ; sur le sommet, la garde déployait ses régimens ; chacun de ces corps avait ses canons dans les intervalles. De la ville et des vallées voisines, des débouchés permettaient aux troupes de s'étendre, le plateau ne pouvant les contenir toutes ; car, dit-on, c'était la première fois peut-être qu'un si petit débouché devait fournir passage à une si nombreuse armée.

Un brouillard épais obcurcissait le jour. Bonaparte anima le soldat en lui rappelant la faiblesse des Prussiens, les victoires antérieures, la prise d'Ulm. Celui-ci ne répondit que par ces mots : *marchons ;* et une fusillade assez vive s'engagea.

L'ennemi, quoique dans une bonne position,

ne put tenir, et l'armée française, se précipitant dans la plaine, fut rangée en ordre de bataille. Cependant l'armée prussienne, qui n'attendait pour livrer combat que le retour de la clarté obscurcie par les brouillards, se disposa de son côté à la résistance. Un corps de 50,000 hommes fut envoyé pour s'emparer des défilés de Kœsen et de Naumbourg ; mais déjà il n'était plus temps ; le maréchal Davoust les avait prévenus. Les deux autres corps de l'armée ennemie, formant 80,000 hommes, se portèrent en avant contre l'armée française, dans la plaine qu'elle occupait déjà. Après deux heures d'un brouillard très-épais, le soleil parut, et les deux armées s'aperçurent à peu de distance. Le maréchal Augereau occupait un village et des bois situés à gauche. Lannes était au centre, et la garde impériale entre Lannes et Augereau. A droite se trouvait Soult. Ney avait seulement 3000 hommes.

L'armée prussienne était très-nombreuse. Sa cavalerie, bien montée, et d'une belle tenue, manœuvrait de concert avec l'infanterie, et montrait dans l'exécution une grande rapidité, et une précision remarquable. Quoique l'armée française eût désiré de retarder de quelques heures l'engagement décisif, afin de donner le tems à d'autres corps de venir rejoindre ; les soldats français ne purent résister à l'ardeur qui les animait. Une affaire partielle s'engagea au village de Hoslltedt, sur la gauche occupée par Augereau. Le maréchal Lannes reçut l'ordre de monter en échelons pour soutenir le village. Cependant Soult avait attaqué un bois situé à droite ; et, l'ennemi s'étant replié vers notre gauche, Augereau fut chargé de le repousser. L'action engagée d'abord partiellement devint peu à peu générale.

Alors on vit une masse de 250 à 300,000 hommes se heurter, se disputer le terrain, et échanger l'un contre l'autre des boulets lancés par 7 ou 800 pièces de canon. Nos troupes combattirent avec un ordre parfait, et la victoire ne fut pas un moment incertaine.

Le bois attaqué par Soult fut enlevé après deux heures de combat. Le maréchal fit ensuite un mouvement en avant. Deux nouvelles divisions du corps du maréchal Ney arrivèrent sur les derrières de l'armée. Les troupes de réserve, que Napoléon conservait en cas de besoin, se trouvèrent ainsi appuyées, et culbutèrent l'ennemi qui ne songea plus qu'à la retraite. D'abord, il se retira en bon ordre; mais Murat survint tout-à-coup à la tête de ses cuirassiers qui n'avaient point pris part à l'affaire, et l'ennemi, coupé de tous côtés, se trouva dans le plus horrible désordre. Indignés de voir la bataille décidée sans eux, nos braves cavaliers se précipitèrent sur la cavalerie et l'infanterie prussiennes, qui ne purent soutenir leur choc; en vain l'infanterie se forma en bataillons carrés, cinq de ces bataillons furent enfoncés; tout fut culbuté et pris, artillerie, infanterie, cavalerie. Nous arrivâmes à Weimar aussitôt que l'ennemi.

Cependant le corps du maréchal Davoust faisait des prodiges à droite. Il contint d'abord, et ensuite chassa pendant plus de trois lieues le gros des troupes ennémies destiné à déboucher du côté de Kœsen. Les généraux Gudin, Friant, Morand, Daultanne et le maréchal Davoust se couvrirent de gloire.

Le sort de la bataille était décidé. L'ennemi en pleine fuite abandonnait ses munitions, ses magasins de subsistances, et un grand nombre de prisonniers. Les bulletins français ont évalué sa perte à 30 ou 40 mille prisonniers, 25 ou 30 drapeaux, 300 pièces de canon. Parmi les blessés on comptait dés géné-

raux, des lieutenans-généraux, entr'autres,
le lieutenant général Schmettau. Le nombre
des morts s'éleva, disent les mêmes bulletins,
à plus de 20,000. Le feld-maréchal Mœllen-
dorff fut blessé ; le duc de Brunswick, le général Ruchel le furent mortellement ; le prince
Henri de Prusse reçut une blessure.

Partout dans l'armée ennemie régnaient le
désordre et la consternation. D'un autre côté,
notre perte a été évaluée à 4,000 hommes tués
ou blessés. Le général Debilly resta sur le
champ de bataille ; le général de brigade
Conroux fut blessé. On distingua, parmi les
colonels morts dans cette bataille, le colonel
Vergès, du 11.ᵉ régiment d'infanterie de ligne;
Lamotte, du 36.ᵉ; Barbanègre, du 9.ᵉ de hussards ; Harispe, du 16.ᵉ d'infanterie de ligne;
Marigny du 20.ᵉ de chasseurs ; Dalemberg,
du 1.ᵉʳ de dragons ; Nicolas du 6.ₑ de ligne;
Viala, du 81.ᵉ; Higouet, du 108ᵉ. Un bis-
cayen rasa la poitrine du maréchal Lannes
sans le blesser ; Davoust eut son chapeau percé
de plusieurs balles.

Tous les corps qui ont donné se sont distingués par leur intrépidité. Mais les hussards,
les chasseurs, et en général l'infanterie se sont
couverts de gloire.

Les généraux Durosnel et Colbert se firent remarquer par des marches très-hardies, le premier avec le 7.e et le 20.e régimens de hussards, le second à la tête du 3.e de hussards et du 12.e de chasseurs. Le major du 20.e de chasseurs mérite aussi d'être loué.

Au fort de la mêlée, Bonaparte, voyant ses ailes menacées par la cavalerie prussienne, ordonnait des manœuvres et des changemens de front en carré, lorsque la garde à pied, frémissant de rester seule dans l'inaction, plusieurs voix firent entendre les cris : *En avant.* Le chef les arrêta par ces mots : « Quest-ce ? ce ne peut être qu'un jeune homme sans barbe qui puisse vouloir préjuger ce que je dois faire; qu'il attende qu'il ait commandé dans trente batailles rangées, avant de prétendre me donner des avis. » En effet, les soldats qui avaient crié *en avant* étaient des vélites impatiens de combattre.

Dans une mêlée aussi chaude, pendant que l'ennemi perdait presque tous ses généraux, la providence veillait sur l'armée française. Aucun personnage de marque n'a été tué. Une partie de l'armée suffit pour remporter la bataille d'Jéna. Un grand nombre de corps n'avaient pas donné, ou étaient encore sans avoir tiré un coup de fusil.

Parmi les prisonniers, on comptait 6000 Saxons. Ces infortunés, contraints de marcher malgré leur volonté, furent renvoyés sur promesse de ne plus prendre les armes. Ils en firent une déclaration selennelle qui parut dans les journaux du temps.

Après la victoire, Murat investit la place d'Erfurt, occupée par un corps de l'armée ennemie. Elle fut cernée dans la matinée du 15 octobre, et capitula le 16. Quatorze cents hommes dont 1000 sans blessures, et parmi lesquels on distinguait le prince d'Orange, le feld-maréchal Mollendorff, le lieutenant-général Larish, le lieutenant-général Graver, les généraux Leffave et Lweiffel demeurèrent prisonniers de guerre. Un parc de cent vingt pièces d'artillerie tomba également au pouvoir des Français.

Pour pe   e, l'effet que la déroute d'Jéna produisit en Prusse, il suffit de transcrire cette phrase insérée dans une gazette de Berlin quelques jours après la bataille : « L'armée du roi a été battue à Awerstadt, le roi et ses *frères sont en vie.* » En effet, après une semblable catastrophe, il ne restait plus rien au gouvernement de Prusse. Toutes les villes, la capitale même, devaient bientôt ouvrir leurs portes à l'armée française ; cinq jours avaient décidé du sort de cette monarchie.

Les débris de l'armée prussienne se retirèrent sur Magdebourg. Cette armée, naguère si nombreuse, si puissante, ne se composait plus que de bataillons épars, sans officiers, souvent même sans généraux. Les maréchaux Davoust et Soult se mirent à leur poursuite ; à chaque instant de nouveaux prisonniers venaient grossir le nombre de ceux que l'armée avait déjà faits : bagages, munitions, artillerie, toutes les richesses de l'ennemi devenaient notre proie. Telle était la confusion qui régnait au milieu d'eux, qu'on rapporte qu'un bataillon prussien, s'étant trompé de bivouac, vint se placer dans un des nôtres.

Le sort de Weimar, d'abord pénible, s'était graduellement adouci. Une scène touchante se passa dans cette ville le jour des funérailles du lieutenant-général prussien Schmettau, mort de ses blessures. Un régiment entier d'infanterie française accompagna le convoi en grande tenue ; des officiers français portaient le coin du drap mortuaire, et l'un d'eux prononça en peu de mots l'éloge de son ennemi.

Au nombre des officiers français qui ont été

blessés, on cite le maréchal Victor, qui fut obligé de garder le lit pendant quelques jours ; le général de brigade Gardannes, qui a eu un cheval tué sous lui.

Lord Morpeth, envoyé d'Angleterre auprès du cabinet de Postdam, ne se trouvait, pendant la journée d'Jéna, qu'à six lieues de la bataille ; il entendit le canon. Un courrier vint lui dire que la victoire s'était décidée en faveur des Français, et tout-à-coup un grand nombre de fuyards l'environnèrent, et le poussèrent de tous côtés : « *Il ne faut pas que je sois pris !* » s'écria le noble lord ; il paya un cheval soixante guinées, et parvint à se sauver.

Dans une lettre particulière, un seigneur prussien, après avoir déclaré que le roi de Prusse avait été entraîné malgré lui à une guerre ruineuse, parlait ainsi des armées françaises :

« Il est temps que les Prussiens, les Russes et les Autrichiens soient enfin convaincus que les Français seront et resteront invincibles, tant que les autres puissances de l'Europe s'obstineront et s'entêteront, malgré les leçons de l'expérience, à continuer leur ancienne routine militaire, au lieu d'adopter le système des Français, et de chercher à les vaincre avec leurs propres armes. Un officier prussien, en passant ici, disait d'eux : « *Ces Français sont de petits bons hommes, des nains : s'il s'agissait de se mesurer avec eux corps à corps, je me ferais fort de venir à bout de six d'entre eux, et de les faire sauter par la fenêtre ; mais, en troupe et dans les rangs, ce sont des diables : cela marche, cela se déploie avec une promptitude sans exemple ; les boulets passent par-dessus ; et, pendant qu'un inutile et lourd serre-file prussien fait une seule fois demi-tour à droite, les Français ont déjà répété ce mouvement une douzaine de fois.* »

» Que ne pourrait-on pas ajouter à ces paroles d'un officier distingué ? Par exemple, ces petits bons hommes ne deviennent pas des machines militaires à force de coups de bâtons, comme des chiens ; mais le point d'honneur en fait de vrais héros...

« Malgré l'impossibilité que, de quatre cent mille hommes, chacun puisse atteindre au grade d'officier, et encore moins aux premières dignités militaires, il n'en est pas moins vrai que le soldat qui peut se dire à lui-même : *Il n'est pas impossible que je devienne maréchal d'empire, prince ou duc, ainsi que tout autre,* doit être bien encouragé par cette pensée.

» A Rosbach , cela était tout différent : alors étaient à la tête des armées françaises des gens de qualité, qui ne devaient leur rang qu'à leur naissance : combien tout cela a changé de face!... »

Le roi de Prusse qui avait été obligé de chercher son salut en fuyant à travers champs, et qui n'avait pu s'échapper qu'en se glissant la nuit entre deux divisions de l'armée française, cherchait à s'acheminer vers Magdebourg. Murat envoyait cependant son médecin au prince de Mollendorff grièvement blessé. La reine de Prusse parut plusieurs fois devant les postes français; elle était dans des transes continuelles. La veille, elle avait elle-même passé son régiment en revue.

Les drapeaux tombés en notre pouvoir avaient presque tous été donnés par le grand Frédéric à ses soldats : ainsi les Français se vengèrent de la trop fameuse déroute de Rosbach, en s'emparant des mêmes drapeaux qui avaient triomphé dans cette sanglante et déplorable journée. Le chef de l'armée fut plus heureux que le prince de Soubise, guerrier dont une défaite illustre a terni la gloire, mais digne cependant de nos éloges par ses talens militaires et sa rare intrépidité. L'honneur d'affacer un triste et funeste souvenir n'eût pas été complet, si les vainqueurs d'Jéna avaient laissé subsister, sur le champ de bataille de Rosbach, l'obélisque destiné à perpétuer la mémoire de nos revers. Ce monument, jadis de notre déshonneur, devint le monument de notre gloire ; enlevé des plaines d'Allemagne, il fut transporté à Paris : vengeance noble et juste, vengeance glorieuse pour les armées de 1806, qui ont lavé la honte des armées de 1757 !

Bonaparte refusa au roi de Prusse un armistice que celui-ci lui demandait, en déclarant qu'il ne pouvait, dans l'intérêt de son armée, donner à l'ennemi le temps de se rallier : les hostilités continuèrent. Le 16 octobre, le maréchal Soult arriva à Greussen, poursuivant la colonne dans laquelle était le roi, forte de dix à douze mille hommes. Comme on avait fait courir le bruit qu'un armistice avait été signé, le général Kalkreuth, qui commandait, en fit avertir Soult ; mais celui-ci refusa de le croire ; il prétendit que le général en chef était incapable de commettre une aussi grande faute. Le général Kalkreuth manifesta le désir d'entretenir son ennemi ; le maréchal Soult se rendit aux avant-postes, et le général prussien lui tint ce discours :

« Que voulez-vous de nous? Le duc de Brunswick est mort; tous nos généraux sont tués, blessés ou pris; la plus grande partie de notre armée est en fuite : vos succès sont assez grands. Le roi a demandé une suspension d'armes; il est impossible que votre souverain ne l'accorde pas. »

—« Monsieur le général, lui répondit le maréchal Soult, il y a long-temps qu'on en agit ainsi avec nous; on en appelle à notre générosité quand on est vaincu, et on oublie, un instant après, la magnanimité que nous avons coutume de montrer. Après la bataille d'Austerlitz, notre chef accorda un armistice à l'armée russe; cet armistice sauva l'armée... Voyez la manière indigne dont agissent aujourd'hui les Russes : on dit qu'ils veulent revenir; nous brûlons du désir de les revoir. S'il y avait eu autant de générosité chez eux que chez nous, on nous aurait laissé tranquilles enfin, après la modération que nous avons montrée dans la victoire. Nous n'avons en rien provoqué la guerre injuste que vous nous faites ; vous l'avez déclarée de gaîté de cœur. La bataille d'Jéna a décidé du sort de la campagne. Notre métier est de vous faire le plus de mal que nous pourrons. Posez les armes, et j'attendrai dans cette situation les ordres de mon souverain. »

Le vieux général prussien vit bien que ce discours était sans réplique. Les deux ennemis se séparèrent; on reprit les hostilités. Bientôt après le village de Greussen fut enlevé, l'ennemi culbuté et poursuivi l'épée dans les reins; il ne trouva de refuge que dans Magdebourg : douze cents prisonniers, trente pièces de canons tombèrent entre les mains des Français. Le général Ruchel, mortellement blessé, fut trouvé dans un village; le maréchal Soult lui envoya son chirurgien.

Davoust, parti le 16 de Naumbourg, pour se diriger vers Leipsick, et jeter un pont sur l'Elbe, prit possession de cette ville le 18 octobre. Cette place, d'ailleurs peu importante, recelait une grande quantité de marchandises anglaises. Bonaparte les confisqua par suite de son système : mais cette fois il ne le porta pas jusqu'à détruire sans profit des valeurs qui pouvaient être utilement employées: les troupes françaises en furent habillées; et c'est peut-être la première fois qu'on vit nos soldats couverts de draps fabriqués en Angleterre.

Le 17, le prince de Ponte-Corvo était à

Eisleben (1); mais, ayant appris que la réserve du roi de Prusse, sous les ordres du prince Eugène de Wurtemberg, était arrivée à Halle, il se porta sur cette place. Le général Dupont l'attaqua par son ordre. Le général Drouet resta sur la gauche avec sa division, et tout-à-coup le 9.ᵉ et le 32.ᵉ d'infanterie légère se précipitèrent sur les trois ponts, et, soutenus par le 96.ᵉ, firent irruption dans la ville; tout fut culbuté en peu de temps. Les 2.ᵉ et 4.ᵉ régimens de hussards, et toute la division du général Rivaut traversèrent la ville, et l'ennemi fut chassé des positions de Diénitz, de Peissen et de Rabotz. En vain la cavalerie prussienne voulut-elle chasser le 8.ᵉ et le 96.ᵉ, ses efforts furent inutiles : la réserve du prince de Wurtemberg fut poursuivie l'espace de quatre lieues. Le général Drouet prit en entier le régiment de Trescow. Les prisonniers s'élevèrent au nombre de cinq mille, parmi lesquels on distingua deux généraux et trois colonels.

De leur côté les Français ne perdirent que quarante hommes et deux cents blessés. Le colonel du 9.ᵉ régiment d'infanterie reçut une

____

(1) En Saxe, comté de Mansfeld, à l'ouest de Halle.

blessure. Ce combat honora les généraux Dupont et Léopold Berthier.

Après la prise de Halle, l'armée prussienne n'avait plus un seul régiment qui ne fût entamé.

Si le général Soult avait su se garantir d'une funeste crédulité, d'autres officiers généraux n'imitèrent pas son exemple : le général Klein, qui avait coupé une division du général Blucher, commit la faute de croire à l'armistice, et laissa l'ennemi s'échapper avec un détachement de 5,000 hommes.

L'armée prussienne continuait cependant de se retirer sur Magdebourg. Le quartier-général des Français faisait des pas rapides : dès le 19 il était à Halle. Les magasins de toute espèce, qui furent trouvés dans cette ville, entretinrent long - temps l'abondance dans l'armée française.

Soult, envoyé à la poursuite de l'ennemi; le harcela jusqu'aux portes de Magdebourg. Partout il était culbuté, ses richesses tombaient de tous côtés au pouvoir de l'armée française : on eût dit que la Providence avait décidé d'anéantir entièrement les forces prussiennes, et le gouvernement de Prusse lui-même. Celui-ci était découragé, abattu ;

toutes les villes de Prusse cédaient à nos armées, et la valeur française portait devant elle une terreur si profonde, qu'on osait à peine lui résister. Le moral de l'armée ennemie était perdu sans retour ; ni confiance ni espoir. Qui aurait cru, dans ce moment de désolation, qu'un jour la Prusse releverait une tête menaçante, et serait le principal instrument de la ruine des vainqueurs ?

Bientôt Magdebourg fut bloqué. Les Prussiens, si fiers à l'ouverture de la campagne, avaient bien changé de langage : ils demandaient la paix à grands cris. « Que veut l'armée française, disaient ils ? Nous poursuivra-t-elle toujours l'épée dans les reins? Nous n'avons pas un moment de repos depuis la bataille ? » Ils réclamèrent le droit d'enterrer les morts, et demandèrent trois jours pour ce travail. « Songez aux vivans, dit Bonaparte ; laissez-nous le soin d'enterrer les morts; il n'y a pas besoin de trève pour cela. »

Berlin, épouvanté des approches de l'ennemi, était en proie à la confusion ; on attendait son entrée de jour en jour. La partie de l'armée prussienne qui n'avait pu trouver place à Magdebourg, cherchait à se rallier derrière l'Oder.

Le 23 octobre, le quartier-général fut porté à Wittemberg. Les colonnes française se dirigeaient sur Postdam et Berlin. Le 24, le maréchal Lannes arriva à Postdam; le 25, le corps du maréchal Davoust entra dans la capitale de Prusse; Augereau ne le joignit que le 26. Bonaparte suivit Lannes à Postdam. Il visita le palais de Sans-Souci, la chambre du grand Frédéric, encore tendue et meublée comme au jour de sa mort. Ce conquérant, qui disait de la France que, s'il en était roi, il ne se tirerait pas en Europe un coup de canon sans sa permission, peut, sous plusieurs rapports, être comparé à Bonaparte. Comme lui, le ciel l'avait doué d'une grande étendue de génie; comme lui, il n'avait point reçu en partage les qualités du cœur, sans lesquelles il peut exister de grands monarques, mais qui seules font les bons rois. L'un faillit, par son ambition, d'amener la chute de la monarchie prussienne; l'autre mit la France à deux doigts de sa perte : mais Frédéric, plus heureux, ressaisit à tems la victoire, et Bonaparte, tombé de faux pas en faux pas, de chute en chute, de faute en faute, laissa échapper le sceptre. Vainqueur, il avait dicté des lois à l'Europe, vaincu, l'Europe

le regarda comme le seul obstacle à sa tran-
quillité, et l'île de Sainte-Hélène fut la dernière conquête de l'homme qui avait commandé aux arts, à l'industrie, aux richesse du
monde.

Le général Hullin fut nommé commandant
de la place de Berlin, d'où le prince Ferdinand de Prusse n'avait pas jugé à propos de
s'échapper. Bertrand, aide-de-camp de Bonaparte, se porta sur Spandau, forteresse qui se
mit en état de défense; Murat poursuivit une
colonne ennemie qui se dirigeait sur Stetin;
Ney resta sous Magdebourg, dont il faisait le
blocus; Soult se joignit au duc de Berg. La
citadelle de Spandau, à quatre lieues de Berlin, renfermait 12,000 hommes de garnison;
elle était forte par sa situation au milieu des
eaux. Le 24, dans la nuit, elle fut cernée. Le
général Bertrand, après l'avoir reconnue, fit
disposer les pièces pour lancer des obus et in-
timider les assiégés. Ils capitulèrent, et obtinrent la permission de se retirer avec tous les
honneurs de la guerre.

- Le 26 octobre, le prince d'Hatsfeld, MM.
Busching, le président de Kercheisen, For-
mey, Polzig, Ruck et Kersmensdorf se présentèrent à Postdam, et remirent à Bonaparte

les clefs de la ville de Berlin ; ils étaient accompagnés de MM. Grote, du Baron de Vichnitz et du baron d'Eckarlstein. Le 27, Bonaparte fit son entrée à Berlin, après une campagne de dix-huit jours. Le premier combat avait eu lieu le 9 octobre à Schleitz.

CHAPITRE V.

Réflexions sur les causes de la rupture de la Prusse
avec la France. — Situation des deux armées, au
moment de l'occupation de Berlin par les Français.
—Combat de Vigneensdorf.—Reddition du prince
de Hohenlohe. — Prise de Francfort-sur-l'Oder.
— Divers autres combats.—Prise de Magdebourg.
— Suspension d'armes entre Bonaparte et le roi
de Prusse non-ratifiée. — Les îles Britanniques en
état de blocus. — Départ de Bonaparte de Berlin.

A l'ouverture de la campagne, les vrais motifs de la rupture entre la Prusse et la France
n'étaient pas bien connus; la note diplomatique du ministre prussien, après laquelle
Bonaparte avait déclaré la guerre à la Prusse,
n'offrait qu'une série de réclamations trop peu
admissibles, pour qu'elles ne parussent pas
être le prétexte d'une levée de boucliers. Les
nouvelles lumières, recueillies dans la suite,
apprennent que les instigations du duc de
Brunswick, des généraux Ruchel et Blucher,

jaloux de rétablir l'honneur de leur pays, flétri par le mauvais succès des premières coalitions, entraînèrent le roi de Prusse, sans qu'il eût la force de résister. L'influence du cabinet de Saint-James sur le cabinet de Berlin ne peut être mise en doute, quand on connut la mission dont avait été chargé près du gouvernement prussien, lord Morpeth, qui faillit de tomber lui-même au pouvoir des Français.

La Russie, dont l'orgueil n'avait point oublié Austerlitz, tenait aussi une conduite équivoque. Sans se déclarer formellement pour la Prusse, elle avait paru s'éloigner de la France; un traité signé par son plénipotentiaire, M. Oubril, n'avait point été ratifié par le cabinet de Pétersbourg, uni secrètement à l'Angleterre; lors de la rupture, celle-ci avait fait espérer à la Prusse qu'elle serait appuyée par la Russie.

D'un autre côté, une négociation de paix commencée sous les plus heureux auspices avait été ouverte entre M. Fox et M. de Talleyrand. Après des discussions relatives à l'alliance conclue entre l'Angleterre et la Russie, les difficultés semblaient s'aplanir. M. Fox fut tout-à-coup attaqué d'une maladie qui le

fît descendre en peu de jours au tombeau.
Lord Yarmouth et lord Lauderdale furent
investis de tout pouvoir par le roi d'Angleterre,
et prirent la suite des négociations entamées.
Mais alors les obstacles parurent se multiplier.
Des demandes en restitution qui n'avaient
point encore été faites furent formées, et la
France sommée de conclure un traité aussi
humiliant que si elle eût été vaincue. La paix
devint donc impossible. Lord Yarmouth et
lord Lauderdale reprirent la route de l'Angleterre, après avoir signé des déclarations peu
mesurées, et par conséquent peu dignes de la
puissance qu'ils représentaient.

La Russie, liée à l'Angleterre par un traité,
et méconnaissant celui que M. Oubril avait
fait avec M. de Talleyrand, fut donc regardée
comme en état de guerre avec la France.
Arrivé le 27 à Berlin, Bonaparte découvrit à
ses soldats la véritable situation des choses, et
parut ainsi justifié tant du reproche de pro-
vocateur que de celui d'avoir refusé la paix à
la Prusse vaincue. Voici des fragmens de la
proclamation qu'il fit lire à l'armée.

« Soldats ! vous avez justifié mon attente,
et répondez dignement à la confiance du peuple français. Vous avez supporté les privations

et les fatigues avec autant de courage que vous
avez montré d'intrépidité et de sang-froid au
milieu des combats. Vous êtes les dignes dé-
fenseurs. . . . . de la gloire du grand peuple.

« Une des premières puissances militaires
de l'Europe, qui osa naguère nous proposer
une honteuse capitulation, est anéantie. . .
(Suivait le détail des victoires.)

« Soldats! les Russes se vantent de venir à
nous. Nous marcherons à leur rencontre.
Nous leur épargnerons la moitié du chemin.
Ils retrouveront Austerlitz au milieu de la
Prusse, . . . etc. »

Il fut donc décidé que les troupes iraient en
avant. La Pologne, cette contrée si grande
autrefois, aujourd'hui si malheureuse ; les Polonais, ce peuple dont le plus bel éloge qu'on en
puisse faire, est de rappeler que Rousseau, il
y a cinquante ans, les jugeait seuls capables de
liberté parmi les nations du continent, rede-
mandaient à grands cris leur indépendance
ravie par un cabinet voisin. Bonaparte, en
politique plus habile que sincère, saisit ce
prétexte. Il déclara que l'armée française réta-
blirait la liberté en Pologne ; et cette nation
eut assez de confiance en sa parole pour se
ranger sous nos étendards.

Lorsque le chef de notre armée fit son entrée à Berlin, voici quelle était à peu près la
position des troupes.

La garde impériale à pied, les cuirassiers
de la division Nansouty, les grenadiers et les
chasseurs de la garde, les corps des maréchaux Davoust et Augereau occupaient Berlin.
Le duc de Berg, le prince de Ponte-Corvo
étaient à la poursuite du prince de Hohenlohe,
qui, après avoir passé à Grandsée, changeait
de route et se dirigeait sur Stetin. Le maréchal Soult serrait de près le duc de Weimar,
qui semblait montrer l'intention de passer
l'Elbe, et de gagner l'Oder, mais qui était
attendu le long de ce fleuve par les maréchaux Lannes et Bernadotte, dont les troupes
bordaient le rivage.

Une partie des fuyards, après la journée
d'Jéna, s'était jointe aux troupes prussiennes
qui attendaient, dans l'électorat de Hanovre,
des renforts de l'Angleterre. Ils occupaient
Hameln et Nieubourg. Une armée d'observa-
tion, rassemblée sur le Bas-Rhin par Louis
Bonaparte, ne leur laissa pas le temps de s'y
rallier.

Le 25 octobre, celui-ci leva son camp de
Wesel, marcha en plusieurs colonnes sur

Munster, Osnabruck et Minden, et appuya ainsi les opérations de la grande armée, qui se rapprochait de la Westpalie, en poursuivant les Prussiens, dont une partie fuyait en désordre, et une autre formait une colonne de dix mille hommes sous la conduite du général Lecocq.

La ville de Berlin une fois prise, il ne restait plus d'incertitude sur le succès de la campagne; cependant l'armée française ne négligeait point de poursuivre ses avantages; le 27, Murat arriva à Hasleben, avec une division de dragons. Il avait envoyé à Boitzenbourg le général Milhau à la tête d'un régiment de chasseurs, et la brigade de cavalerie légère du général Lasalle sur Prenzlow. Ayant appris que les Prussiens étaient retranchés à Boitzenbourg, il se porta à Vigneensdorf. A peine y fut-il arrivé qu'il s'aperçut qu'une brigade de cavalerie ennemie s'était portée sur la gauche, dans l'intention de couper le général Milhaud. Aussitôt il se précipita sur ce régiment; les gendarmes du roi furent chargés, repoussés, jetés dans un lac; ils demandèrent à capituler, et l'obtinrent. Cinq cents cavaliers remirent leurs chevaux entre nos mains, et les officiers eurent la permission de se retirer sur parole. Les Français prirent quatre étendards de la garde à cette affaire, qui n'était rien, si on la compare à celle de Prentzlow qui la suivit de près.

Le prince de Hohenlohe, avec les débris de l'armée échappée d'Jéna, cherchait à gagner Stetin. Le duc de Berg étant arrivé à Templin avant lui, il fut contraint de changer de route : après avoir été trompé dans un mouvement qu'il voulait faire sur Hasleben, il arriva à Prentzlow ; mais Murat, devinant ses intentions, marcha toute la nuit sur cette ville avec les divisions des dragons des généraux Beaumont et Grouchy, éclairées par la cavalerie légère du général Lasalle. Le 28 octobre, à dix heures du matin, les armées se trouvèrent en présence. Sans perdre de temps en vains mouvemens, Murat ordonna au général Lasalle de charger les faubourgs de Prentzlow, et le fit soutenir par les généraux Grouchy et Beaumont, avec six pièces d'artillerie légère. Trois de nos régimens traversèrent la petite rivière qui baigne Prentzlow ; Ils attaquèrent le flanc de l'ennemi, tandis qu'une autre brigade de dragons s'occupait de tourner la ville. Les pièces furent si bien placées, et nos canonniers les firent jouer avec tant de précision, que les Prussiens furent bientôt troublés. Alors Grouchy reçut l'ordre de charger; le choc est si violent que l'ennemi lâche pied , et s'enfuit en désordre dans les faubourgs. Il eût été facile de pénétrer dans la ville , dont les portes étaient déjà brisées par les fuyards ; mais Murat aima mieux faire sommer les troupes de se rendre. Le prince de Hohenlohe , l'un des principaux agens de la guerre, disent les relations du temps, fut obligé de capituler. Il défila devant l'armée française avec 16,000 hommes d'infanterie , six régimens de cavalerie , 45 drapeaux , et 64 pièces d'artillerie ; tous les gardes du roi qui avaient échappé à Jéna, tombèrent en notre pouvoir. Tous les drapeaux des gardes à pied et à cheval du roi devinrent également la proie du vainqueur. Le prince de Hohenlohe , un prince de Mecklembourg-Shwérin, et plusieurs généraux furent faits prisonniers.

Le prince Auguste Ferdinand , frère du prince Louis, tué au second combat de la campagne , fut pris par nos dragons les armes à la main. Il fut renvoyé à son père, le prince Ferdinand, pour soigner ses blessures.

Le général Clarke , gouverneur du pays

d'Erfurt, fit capituler un bataillon saxon qui errait sans direction.

Tandis qu'en Allemagne nos armées marchaient de victoire en victoire, le général Marmont ne se distinguait pas moins près des bouches du Cattaro, dont la possession était, depuis le traité de Lunéville, un sujet continuel de différens entre la France et la Russie, qui se démasquait de plus en plus.

Le 4 octobre, les Français remportèrent un très-grand avantage sur les Monténégrins et les Russes. C'est à cette affaire que l'adjudant-major Couturier, l'aide-de-camp du général Marmont, Gayet, et le chef de bataillon Rosny, reçurent une mort glorieuse.

Revenant à la campagne de Prusse, nous voyons les succès de nos armées devenir chaque jour plus décisifs. Le 29, une colonne ennemie de 6000 hommes capitula à Passewalk, entre les mains du général Milhau; Stetin se rendit aux sommations du général Lasalle; Soult, arrivé à Rathnau, reçut également la capitulation de cinq régimens de cavalerie saxonne; Davoust passa l'Oder à Francfort qui s'était rendu, et fit capituler Custrin. Les Bavarois et les Wurtembergeois, nos alliés, marchaient sur cette ville sous les ordres d

Jérôme Bonaparte. Le roi de Prusse se retira derrière la Vistule, à Graudentz.

Le duc de Brunswick, que ses blessures avaient mis en grand danger, échappa cependant à la mort. On crut alors qu'il s'était réfugié en Angleterre, et ses états tombèrent en notre pouvoir.

Le 31, Murat avait son quartier-général à Friedland. Il remporta sur le général prussien Bila un avantage remarquable. La petite ville d'Amklan, voisine du champ de bataille, fut obligée de se rendre, et 4000 hommes furent faits prisonniers. De ce nombre fut un régiment du roi qui, après la guerre de sept ans, avait reçu de l'impératrice Catherine des pelisses de peaux de tigres, en récompense de sa bonne conduite.

Un volume entier ne suffirait pas s'il fallait faire en détail le récit des avantages partiels qui se succédaient avec rapidité. Déjà la Prusse avait été parcourue dans presque toute son étendue; déjà nos coureurs entraient en Pologne. Tout annonçait que le théâtre de la guerre allait être transporté sur cette terre, alors privée de sa liberté, et presque de son existence politique.

Il ne restait plus aux Prussiens que dix-

neuf bataillons d'infanterie, trente-cinq escadrons, et 1500 hommes de cavalerie en bon
état ; mais à peine possédaient-ils trente pièces
de canon. Ces faibles débris ne pouvaient en
aucune manière résister à l'armée française,
plus belle et aussi nombreuse que jamais.
M. Schullembourg, l'un des hommes les plus
distingués de Prusse, se présenta à Strelitz
pour demander un passe-port pour Berlin. Il
dit au général Savary : « Il y a huit heures que
j'ai vu passer les débris de la monarchie prussienne. Vous les aurez aujourd'hui ou demain.
Quelle destinée inconcevable et inattendue! la
foudre nous a frappés! »

Le 31 octobre, la division bavaroise, commandée par le général de Wrède, partit de
Dresde, et se dirigea sur l'Oder; la division
du général Deroy et la colonne wurtembergeoise se mirent en route les jours suivans,
dans la même direction, et formèrent le corps
d'armée de Jérôme Bonaparte.

Ce fut à la même époque que mourut le
général Macon : une fièvre putride l'enleva
en peu de jours ; et ce brave officier, qui fut
regretté de toute l'armée, n'éprouva lui-même
qu'un regret, celui de ne pas périr de la mort
d'un soldat.

Le 1er. novembre, Murat était à Demmin; il arriva le 2 à Télérow, ayant sa droite sur Rostock. Le même jour, Savary occupait Wharen et Jabel. Le prince de Ponte-Corvo attaqua le 1er., au soir, l'arrière-garde de l'ennemi, au moment où elle quittait Jabel. Plusieurs fois ce corps fut mis en déroute; mais la difficulté de franchir les lacs et le pays de Mecklembourg nous empêchèrent de remporter un succès complet. Le prince de Ponte-Corvo, en chargeant à la tête de la cavalerie, tomba de cheval, mais il ne fut point blessé.

Cependant l'ennemi avait renoncé à se porter sur l'Oder; chaque jour il changeait de dessein.

La route de l'Oder lui étant fermée, il chercha à se frayer un chemin par la Poméranie suédoise; cette ressource lui fut encore ravie. Il voulut alors se rejeter sur l'Elbe; prévenu par le maréchal Soult, il parut se diriger sur le point le plus prochain des côtes. Chaque jour ses bataillons, même ses escadrons, tombaient en notre pouvoir.

Bonaparte employa tous les chevaux pris sur l'ennemi à monter ses dragons à pied.

Le prince de Hesse-Cassel, maréchal au service de Prusse, avait ouvertement adhéré à la coalition des alliés contre la France. En conséquence le maréchal Mortier, commandant le 8e. corps, fut chargé de s'emparer de Cassel. Une note diplomatique fut préalablement présentée au prince par le chargé d'affaires de la cour des Tuileries : il y était dit que la conduite de cet état justifiait l'occupation de Cassel; que le chef de l'armée française ne pouvait négliger de prendre cette mesure, et de s'opposer ainsi à la formation d'une armée hessoise, destinée à tomber sur ses derrières, dans le cas d'un échec; qu'au reste le prince de Hesse-Cassel n'avait qu'à examiner si l'intérêt de ses peuples, dans la situation des choses, lui permettait de repousser la force par la force. Le maréchal Mortier adressa une proclamation aux habitans de Hesse , afin de leur inspirer de la confiance dans la loyauté des Français.

Cassel fut occupé sans opposition. Le prince et son fils se retirèrent. On dit même qu'en réponse à la note du gouvernement français , le prince offrit de marcher dans nos rangs; mais cette offre ne fut point acceptée. Les journaux officiels de France annoncèrent que l'Empereur avait l'intention de s'emparer de Hesse; dans l'état de puissance où nous étions, c'en était assez pour qu'on pût regarder le prince comme déchu de ses Etats.

L'armée française cependant poursuivait sans relâche les débris de l'armée prussienne. Près de Wismar, sur la-Baltique, le général Savary, à la tête de 500 chevaux du 1er. de hussards et du 4e. de chasseurs, tourna le général ennemi Husdonne, et le fit prisonnier avec deux brigades de hussards et deux bataillons de grenadiers, faisant partie d'un corps poursuivi par Murat, le prince de Ponte Corvo, et Soult, qui avaient été coupé du côté de l'Oder et de la Poméranie.

C'est vers le même temps que le colonel Excelmans, à la tête du 1er. régiment de chasseurs du maréchal Davoust, fit son entrée dans Posen, capitale de la grande Pologne. Il y fut reçu avec un enthousiasme difficile à peindre. Des milliers de spectateurs, des femmes élégamment parées, étaient venues se placer sur le passage des troupes, qui pouvaient à peine traverser les rues au milieu de la foule enivrée de joie.

D'un autre côté, Magdebourg n'avait point encore ouvert ses portes. Le maréchal Ney, chargé de faire le siége de cette place, ordonna de la bombarder. L'aspect de quelques mai-

sons brûlées, épouvanta les habitans qui, dès
le premier jour, manifestèrent leur mécontentement : le commandant demanda à capituler
le 8 novembre, et l'obtint. Au termes de
l'acte de reddition, 22 mille hommes, et près
de huit cents pièces de canon tombèrent en
notre pouvoir.

Après la capitulation du prince de Hohenlohe, le général Blücher avait changé de direction. Il était parvenu à se réunir à la colonne
du duc de Weimar ; le prince Frédéric-Guillaume de Brunswick-OEls, fils du duc de Brunswick, s'était également joint à ce corps d'armée. Quelques autres détachemens le fortifièrent encore, et le général Blücher en prit
le commandement. Ces troupes s'efforcèrent
pendant plusieurs jours de s'échapper par les
chemins que les Français avaient laissés libres;
prévenus par Murat, Soult et le prince de
Ponte-Corvo, elles furent contraintes de marcher sur Lubeck.

Le 4 novembre, elles prirent position à
Crevismulen ; mais le prince de Ponte-Corvo,
qui les poursuivaient, atteignit leur arrièregarde et la culbuta. Si sa cavalerie n'eût pas
été trop faible en nombre, il eût pu remporter
des avantages plus sérieux ; mais, ne possédant

7 *

que 600 hommes, il suivit la loi de la prudence. Le général Watier, soutenu par les généraux Pactod et Maison, avec la 27e. d'infanterie légère, et la 8e. de ligne, se distinga par des charges brillantes. Une compagnie d'éclaireurs du 94e. régiment, commandée par le capitaine Rasout, fut entourée dans ce combat par quelques escadrons ennemis ; mais elle les reçut avec tant de vigueur, dirigea, et entretint si bien le feu de ses batteries, que l'ennemi renonça à l'enfoncer : on vit alors un spectacle qui étonnerait s'il était donné par d'autres que des Français ; ce furent des voltigeurs à pied qui poursuivaient des cavaliers ennemis. La perte des Prussiens fut de 1000 hommes, et 7 pièces de canon.

Le même jour au soir, le grand duc de Berg qui s'était porté sur la droite, arriva avec sa cavalerie sur l'ennemi, encore incertain de la conduite qu'il tiendrait. Soult marcha par Ratzebourg, et le prince de Ponte-Corvo sur Rhena. Le 6, à deux heures du matin, ils arrivèrent à Schlukup sur la Trave ; un corps de 1600 Suédois, qui s'était enfin décidé à se retirer de Lauenbourg pour s'embarquer sur cette rivière, se trouva soudain enveloppé ; les bâtimens préparés pour la fuite coulèreut à fond, et les Suédois mirent bas les armes.

La colonne du prince de Ponte-Corvo s'empara d'un convoi de 300 voitures que le général Savary avait poursuivi de Wismar.

Les divisions qui restaient au général Blücher occupaient la ville de Lubeck, où elles cherchait en vain à établir des fortifications. Le maréchal Soult et le prince de Ponte-Corvo arrivèrent en même temps devant cette ville, l'un à la porte de Mullen, et l'autre à celle de la Trave. Murat, avec sa cavalerie, se joignit à ces deux divisions.

L'attaque fut ordonnée : le général Drouet, à la tête du 27e. régiment d'infanterie légère, et des 94e. et 95e. régimens, s'avança devant les batteries dressées par les Prussiens, avec une intrépidité remarquable. Tout-à-coup les portes sont enfoncées, les bastions franchis ; l'ennemi prend la fuite, et le maréchal Bernadotte se précipite dans la ville par la porte de Trave. Les chasseurs corses, les tirailleurs du Pô, le 2e. d'infanterie légère, sous les ordres du général Legrand, s'élancent avec la rapidité de l'éclair : redoute, bastions, fossés, tout est franchi, et le corps du maréchal Soult entre par la porte de Mullen.

L'ennemi veut se défendre dans l'intérieur

de la ville : on se bat dans les rues ; les places publiques deviennent un champ de bataille jonché de cadavres. L'ennemi, culbuté partout, cède le terrain, et s'enfuit en désordre. Murat, dont le corps d'armée arrive du côté oposé de la ville, se met à la poursuite des fuyards : 4000 hommes, dont plusieurs généraux, et un grand nombre d'officiers sont tués ou pris, et 60 pièces de canon restent entre nos mains.

Les troupes qui s'étaient échappées avaient fui près de Schwartau. Le 7, avant le jour, Murat, avec la brigade Lassale et la division d'Hautpoult, les enveloppa de tous côtés. Le général Blücher, le fils du duc de Brunswick, et tous les généraux demandent quartier. Ils défilèrent devant l'armée française, et signèrent une capitulation par laquelle ils se déclarèrent prisonniers de guerre. C'était le dernier corps de l'armée prussienne. Le nombre des prisonniers fut de 21,000. Toute l'artillerie et beaucoup de drapeaux tombèrent en notre pouvoir.

L'aide-de-camp du grand-duc de Berg, Dery, ne réussissait pas moins que son général. Un corps qui escortait des bagages ennemis derrière la Peene, capitula entre ses mains. Les Suédois livrèrent les fuyards et les cais-

sons. Cette capitulation produisit 1500 pre-
sonniers et une grande quantité de bagages
et de chariots.

Pendant ces événemens importans plusieurs
corps de notre armée arrivaient sur la Vistule.
La place de Glogau, capitale de la Haute-Si-
lésie, était bloquée par le général de brigade
Lefèvre, à la tête de 2000 chevaux bavarois,
et par les ordres de Jérôme Bonaparte. Un
bombardement qui fut fait par huit obusiers
servis par l'artillerie légère, fut le prélude du
siége. Le général Deroy investit Glogau le 9
novembre, et bientôt après l'on entra dans des
pourparlers qui ne produisirent d'abord aucun
résultat satisfaisant. Le siége fut poussé avec
vigueur jusqu'au 2 décembre, époque à laquelle une capitulation fut signée.

A cette époque, la Prusse tout entière
ayant été parcourue, cette campagne put être
considérée comme finie.

Voici le total des prises faites sur l'ennemi
depuis le commencement de la campagne. Prisonniers, 140,000 environ, plus de 250 drapeaux, 500 pièces de canon de campagne,
prises devant l'ennemi, et sur le champ de bataille à peu-près 4000 prises, tant dans les
places fortes qu'à Berlin.

Voici le dénombrement de l'armée prussienne au commencement de la campagne. Le corps du général Ruchel formait 33 bataillons d'infanterie, 4 compagnies de chasseurs, 45 escadrons de cavalerie, un bataillon d'artillerie; le corps du prince de Hohenlohe était composé de 49 bataillons, tant prussiens que saxons, 81 escadrons, 2 bataillons d'artillerie; l'armée commandée par le roi de Prusse consistait en une avant-garde de 10 bataillons, de 15 escadrons; venaient ensuite 3 divisions. La 1.re formait 11 bataillons et 20 escadrons; la 2.e 11 bataillons et 15 escadrons; la 3.e 10 bataillons et 15 escadrons. Enfin, le corps de réserve se composait de 2 divisions, chacune de 10 bataillons et de 20 escadrons; un autre corps de réserve, commandé par le prince Eugène de Wurtemberg, consistait en dix-huit bataillons et 20 escadrons. Le total général était de 160 bataillons, 236 escadrons; en tout 115,000 hommes d'infanteries, 30,000 hommes de cavalerie; l'armée possédait 800 pièces de canon.

126,000 hommes seulement étaient à la bataille d'Jéna. Les 19,000 autres composaient le corps du duc de Weimar, et la réserve du prince de Wurtemberg. Ces derniers étaient en partie détruits : mais de l'immense corps d'armée qui fut battu le 14, à peine un seul homme avait-il échappé pour porter la nouvelle de leur défaite. Il ne restait au roi de Prusse qu'environ 15,000 hommes d'infanterie, 5000 de cavalerie, enfermés dans Glogau, Breslau, Brieg, Varsovie et Kœnisberg. Le roi, la reine et quelques généraux s'étaient réfugiés presque seuls dans cette dernière ville.

Dans cet état déplorable, le roi de Prusse n'avait qu'un parti à prendre : on parlait d'une armée russe qui arrivait à grandes journées ; mais la nouvelle de la bataille d'Jéna lui avait fait suspendre quelque temps sa marche. Le roi de Prusse envoya un plénipotentiaire qui se réunit avec le nôtre à Charlottembonrg : les bases d'un armistice furent posées ; un traité de suspension d'armes fut signé ; et l'humanité espéra que la paix allait une fois encore cicatriser les blessures des vaincus et des vainqueurs.

La ratification du roi de Prusse se fit attendre, et les hostilités continuèrent. Czentoschau, dans la Pologne prussienne, capitula ; nos troupes prirent possession de Hambourg ;

Hameln, qui depuis quelque temps était assiégée, se rendit également.

Alors l'Empereur publia un décret qui fut
jugé très-diversement. Les Anglais se consi-
dérant en état de guerre avec une grande partie du continent, crurent avoir le droit de
capturer tous les bâtimens qu'ils rencontraient,
non-seulement dans leurs parages, mais sur
toutes les mers que parcourait le pavillon
britannique. Chaque jour on entendait dire
que le cabinet de Saint-James avait com-
pris dans les objets de bonne prise, et le vais-
seau qui se croyait en sûreté sous la protection d'un pavillon neutre, et le marchand
qui, n'ayant que des vues pacifiques, avait
lieu d'espérer la même réserve de la part de
ses rivaux, et le passager qui, trop confiant
dans le droit des gens, chez une nation qui
faisait trophée de sa générosité, n'avait pu se
persuader que des prisons maritimes dussent
lui être réservées.

La France ne pouvait tolérer cet esprit
d'hostilité qui faisait de la guerre un brigan-
dage continuel, et qu'on n'aurait jamais attendu
d'un peuple civilisé. En conséquence, le chef
de son gouvernement se crut obligé d'user du
droit de représailles. Les îles Britaniques

furent déclarées en état de blocus : tout bâtiment anglais ; dans les villes alliées, fut déclaré de bonne prise, et la politique ferma les yeux sur les injustices particulières qu'une semblable mesure devait nécessairement faire naître.

Le 25 novembre, le fort de Culbach capitula devant Jérôme Bonaparte : une garnison forte de 150 hommes tomba en notre pouvoir. La ville de Nienbourg fut également forcée de se rendre.

La ratification de l'acte d'armistice par le roi de Prusse n'arrivait point, et l'on commença à croire que ce prince, égaré de nouveau par des conseils perfides, entendait assez mal ses intérêts pour ne pas sanctionner les travaux de son plénipotentiaire. Cette conjecture se changea bientôt en certitude. On cessa d'être surpris, quand on sut qu'une armée russe, formidable en nombre, s'avançait dans la Pologne, et occupait Varsovie. Le 25 novembre Bonaparte partit de Berlin ; il passa par Mezeritz, arriva à Posen le 27. Une nouvelle campagne s'ouvrit. Nous verrons, dans le chapitre suivant, quel fut le succès de cette levée de boucliers des Russes contre la France.

CHAPITRE VI.

Quelques réflexions sur la Pologne. — Entrée de nos troupes à Varsovie. — Entrée à Thorn. — Combat de Pomikuwo. — Combat de nuit de Czarnowo. — Combat de Biézun — Combat de Nasielk. — Combat de Soldau. — Combat de Pultnusk. — L'armée prend ses quartiers d'hiver. — Combat de Morhigen. — Levée des quartiers d'hiver. — Divers combats. — Prise d'Eylau. — Bataille d'Eylau.

APRÈS la bataille d'Jéna, le sort de la Prusse semblait être décidé : des corps entiers se rendaient sans combat, les principales places fortes des états prussiens recevaient nos troupes, et s'estimaient heureuses d'être admises à capituler avec un ennemi qui aurait pu les détruire ; le roi de Prusse lui-même, contraint de se réfugier aux extrémités de son royaume, semblait ne devoir plus attendre d'autre secours que la clémence du vainqueur. Tout-à-coup la scène change : une armée con-

sidérable arrive des régions glacées du Nord ;
la Russie, qui s'est enfin déclarée, s'efforce
de soutenir la Prusse sur le penchant de sa
ruine ; et une campagne nouvelle s'ouvre dans
un pays étranger, au milieu des horreurs de
l'hiver, pour l'armée française déjà affaiblie
par ses premières victoires.

La Pologne, devenue le théâtre de la guerre,
paraît en devenir la principale cause. Dans les
temps passés, la Pologne fut presque toujours
l'alliée de la France. Ce peuple, dont le caractère fut toujours noble et généreux, suppor-
tait impatiemment un joug étranger, et c'était
dans l'espérance de le secouer qu'il s'était
rangé sous nos drapeaux. Le chef de l'armée,
fidèle à sa politique accoutumée, ne manqua
point de faire servir à ses projets ambitieux
la patriotique exaltation des Polonais. Il s'at-
tacha, dans tous ses actes officiels, à rappeler la grandeur passée et l'humiliation actuelle de ce peuple, afin d'aigrir de plus en
plus les Français, et de les préparer aux vastes
desseins qu'il méditait. Ce fut après la bataille
d'Jéna que Bonaparte crut être arrivé à l'époque la plus favorable pour leur exécution. Des
seigneurs polonais, députés par la nation,
se présentèrent devant lui à Posen. Il leur fit

espérer le rétablissement de leur indépendance. Dans un bulletin publié à Paris, le 11 décembre, on trouve ces phrases remarquables :

« L'amour de la patrie et le sentiment national sont non-seulement conservés en entier dans le cœur des Polonais, mais ils ont été retrempés par le malheur ; leur première passion, leur premier désir est de redevenir nation. Les plus riches sortent de leurs châteaux pour venir demander à grands cris le rétablissement de la nation, et offrir leurs enfans, leur fortune, leur influence. Ce spectacle est vraiment touchant. Déjà ils ont partout repris leur ancien costume, leurs anciennes habitudes.

» Le trône de Pologne se rétablira-t-il ? et cette grande nation reprendra-t-elle son existence et son indépendance ? Du fond du tombeau renaîtra-t-elle à la vie ? Dieu seul, qui tient dans ses mains les combinaisons de tous les événemens, est l'arbitre de ce grand problème politique ; mais certes, il n'y eut jamais d'événement plus mémorable, plus digne d'intérêt...

» Nos soldats trouvent que les solitudes de la Pologne contrastent avec les campagnes riantes de leur patrie ; mais ils ajoutent aussi tôt : *Ce sont de bonnes gens que les Polonais.* Ce peuple se montre vraiment sous des couleurs intéressantes. »

En style diplomatique, c'était dire que le rétablissement du gouvernement de Pologne allait devenir le but avoué de la guerre; on n'en douta plus, lorsqu'on reçut une proclamation de Bonaparte à ses soldats, dans laquelle il était dit : « Soldats, nous ne déposerons point les armes que la paix générale n'ait affermi et assuré la puissance de nos *alliés.* » Par *alliés,* il est certain que Bonaparte entendait *les Polonais.*

La campagne nouvelle s'ouvrit par l'occupation de Varsovie. Le chef de l'armée partit de Berlin le 25, arriva le même jour à Custrin, le 26 à Mezeritz, et à Posen le 27. Il envoya devant lui le maréchal Duroc, qui poussa jusqu'à Osterode. Il y trouva le roi de Prusse. Celui-ci lui expliqua les motifs de son refus de ratifier la capitulation, et se retira de suite sur Kœnisberg.

Le 27, le quartier-général du grand-duc de Berg était à Lowiez. Le général Bénigsen, commandant l'armée russe, espérant d'empêcher les Français d'entrer à Varsovie, avait envoyé une avant-garde défendre les bords de la Bsura. Le 26, nos avant-postes rencontrèrent les siens : les Russes furent culbutés. Le général Beaumont passa la Bsura à Lowiez, rétablit le pont qui avait été coupé, tua ou blessa plusieurs hussards russes, fit prisonniers plusieurs Cosaques, et les poursuivit jusqu'à Blonic. Le 27, quelques engagemens partiels eurent encore lieu ; nous fîmes quelques prisonniers. Le 28, tous les obstacles étant renversés, le duc de Berg fit son entrée dans Varsovie ; il y fut joint, le 27, par Davoust : les Russes effrayés s'était enfuis de l'autre côté de la Vistule, dont ils avaient rompu le pont.

Tout le reste de l'armée se dirigea sur Varsovie, à l'exception du maréchal Mortier, qui marchait sur la Poméranie suédoise. Jérôme Bonaparte était encore, le 28, à Kalitsh, d'où il partit, le 5 décembre, pour aller à la rencontre des Russes.

Le grand-duc de Berg, arrivé à Varsovie, passa la Vistule, s'empara du faubourg de la Praga, et poursuivit l'ennemi sur le Bug Jérôme, pour appuyer ses opérations, reçut l'ordre de marcher sur Breslau, afin de cerner cette place. L'intention de Bonaparte était de faire assiéger tour-à-tour les sept places de la Silésie, qui ne semblaient pas devoir faire une longue résistance.

Cependant les alliés évacuèrent la Vistule, et se retirèrent dans les terres. Davoust fit également avancer ses troupes; il établit son quartier-général en avant de la Praga. Le 6 décembre, le maréchal Ney entra dans Thorn, qui fut faiblement défendu par les Prussiens; ceux-ci évacuèrent la ville, laissant vingt prisonniers entre les mains des Français.

Cette affaire offrit un trait remarquable. La Vistule, large de 400 toises, charriait des glaçons; le bateau qui portait notre avant-garde ne pouvait avancer. Tout-à-coup des bateliers polonais s'élancent de l'autre bord, et s'efforcent de le dégager, au mépris d'une grêle de balles que l'ennemi faisait pleuvoir sur eux. Des bateliers prussiens veulent s'opposer à leurs efforts : un combat à coups de poing s'engage; les Polonais jettent les Prussiens à l'eau, et, triomphans, guident nos bateaux vers le rivage. Ces braves gens reçurent une récompense du chef de l'armée française.

Depuis le 9 jusqu'au 11 décembre, il ne se passa de remarquable que deux engagemens. Le général de brigade Belair et le chef d'escadron Schoeni, avec le 6e. d'infanterie lé-

gère, et 60 hommes du 3e. de hussards, rencontrèrent un parti de 400 chevaux dans les
environs de Galup. Les Prussiens perdirent
un officier, cinq dragons faits prisonniers, et
trente hommes qui restèrent sur le champ de
bataille. Le chef d'escadron Schoeni se conduisit comme un brave soldat. Le second en
gagement eut lieu du côté du Bug. Le 25e. de
ligne, et le 89e. passsèrent cette rivière le 11
à six heures du matin, attirés par le bruit
d'une canonnade qui s'était fait entendre. Une
division russe se présenta pour enlever le village de Pomikuwo, auprès duquel se trouvaient les deux corps d'armée; mais elle échoua
dans sa tentative, qui lui coûta beaucoup de
monde. De notre côté, vingt hommes furent
blessés.

Comme tout semblait annoncer une affaire
générale, le chef de l'armée prit des mesures
commandées par la prudence. Le pont de
Thorn fut rétabli et garni de batteries; le pont
sur la Narew, à son embouchure avec le Bug,
fut également fortifié; un autre pont, élevé
sur la Vistule, auprès de l'embouchure du
Bug, reçut des canons. Les Russes suivirent
pendant tous ces préparatifs, la direction de
Grodno et celle de Bielsk, le long de la

Narew et du Bug. Toute l'armée française, dont une partie était encore éloignée, s'avança vers la Vistule.

L'électeur de Saxe et le duc de Saxe-Weimar, qui ne s'étaient engagés dans la coalition que par des motifs indépendans de leur volonté, firent la paix avec la France. Elle fut signée à Posen, dans les premiers jours de décembre.

Du 11 jusqu'au 18 décembre, l'armée française poursuivit sans relâche le travail de ses fortifications sur la Vistule. Un grand nombre de corps passèrent successivement cette rivière. Le général Augereau la traversa à Ultrata, le maréchal Soult à Vizogorod : un mouvement général fut imprimé à toutes nos troupes. Le 18 décembre, le maréchal Davoust sentit la nécessité de s'emparer d'une petite île située à l'embouchure de la Wrka, afin de rendre son camp sur la rive droite meilleur. L'ennemi voulut lui en disputer la possession : un fusillade d'avant-garde s'engagea; mais la victoire et l'île restèrent aux Français. L'officier du génie Clouet, jeune homme de la plus belle espérance, reçut une balle dans la poitrine.

Le 19, un régiment de cosaques, qui voulait enlever la grand'garde de la brigade de cavalerie légère en avant de la tête du pont du Bug, fut reçu avec intrépidité par le 1er. de hussards. Le colonel des cosaques fut tué, le régiment s'enfuit en désordre.

Le général Benigsen, dont le corps d'armée était évalué à 60,000 hommes, avait formé d'abord le projet de couvrir Warsovie; mais la renommée de nos victoires l'avait rendu circonspect : il quitta donc la Vistule, sans s'opposer à notre passage, et se replia sur la frontière russe. Grodno, Olita et Brezsc furent les villes sur lesquelles il se dirigea; mais, lorsqu'il opérait ainsi des mouvemens rétrogrades, le corps du général Buxhowden et le feld-maréchal Kaminski rejoignirent son armée, et s'indignèrent de l'hésitation qu'il montrait dans ses opérations militaires. D'un autre côté, les Prussiens commençaient à murmurer d'une lenteur qui, à leur gré, laissait trop long-temps l'ennemi en possession de leurs provinces et de leur capitale.

En conséquence, les plans de l'armée alliée furent changés. Ils s'avancèrent vers la Vistule, dans l'intention de nous fermer le passage de la Narew, de reprendre Prag, qui était en notre pouvoir, et de se préparer à des attaques plus importantes. Le 5 décembre, leur quartier-général fut porté à Pultsnuck.

Cependant, par une imprudence inconcevable, au lieu de poursuivre de suite leur route, et d'exécuter leurs différentes marches, ils s'arrêtèrent pour célébrer l'arrivée des généraux Buxhowden et Kaminski, et firent des réjouissances extraordinaires au château de Sierolk; ces illuminations furent aperçues jusqu'à Warsovie.

L'armée française profita de cette faute grave; elle passa la Narew. Huit cents Français, jetés de l'autre côté de cette rivière, à l'embouchure de la Wrka, s'y retranchèrent, la nuit même où l'ennemi s'occupait d'inutiles fêtes, et, lorsqu'il se présenta le lendemain matin, il n'était plus temps.

Comme nous l'avons dit, les maréchaux Ney, Bessières, Davoust, les généraux Sahuc, Grouchy, d'Hautpoult ; les maréchaux Bernadotte, Soult et Augereau, après avoir remporté des avantages remarquables, se concentraient entre le Bug et la Narew. Le pont de cette rivière fut terminé e 22. Bonaparte partit de Warsovie, et passa la Narew à neuf heures du matin. Un pont ayant été jeté au confluent de la Narew et de l'Wrka, la division Morand passa sur-le-champ pour aller s'emparer des retranchemens de l'ennemi, près du village de Czarnowo. Le général de brigade Marulaz la soutenait avec sa cavalerie légère. Le général Beaumont passa aussitôt après avec sa division de dragons. La canonade s'engagea à Czarnowo. Davoust fit passer le 12e de ligne, sous les ordres du général Petit, pour enlever les redoutes du pont. La nuit venue, tout s'acheva au clair de la lune. Les batteries du village furent enlevées; celles du pont furent prises; 15,000 hommes furent mis en déroute, malgré la plus vive résistance; quelques prisonniers et six pièces de canon restèrent en notre pouvoir. L'ennemi eut plusieurs généraux blessés. Quant à nous, nos blessés s'élevèrent à deux cents environ, le général Broussard fut du nombre.

Pendant ce temps, le maréchal Ney, à l'autre extrémité de la ligne d'opérations, culbuta les débris de l'armée prussienne, les jeta dans les bois de Lauterbourg, et leur fit un mal épouventable. Le maréchal Bessières cerna trois escadrons de hussards, les fit prisonniers, et leur enleva plusieurs pièces de canon·

Le 24 décembre, la réserve de cavalerie, le corps du maréchal Davoust, et le général Rapp, à la tête de l'avant-garde, rencontrèrent les Russes à une lieue de Nasielsk. Le général Lemarrois, à la tête de deux régimens de dragons, se mit en devoir de cerner leur avant-garde. Celle-ci soupçonna notre mouvement, et recula après quelques charges, dans lesquelles le major Ourvakow, aide-de-camp de l'empereur de Russie, fut fait prisonnier.

Après cette retraite, un détachement arriva sur la petite ville de Nasielsk : le feu devint très-vif; l'ennemi, retranché par des marais et des bois, était en très-bonne position, et avait espéré y passer la nuit. Le général Kaminski commandait en personne; il fut attaqué, et chassé pendant plusieurs lieues. Quelques généraux russes furent blessés, des colonels restèrent prisonniers, des pièces de canon furent prises. Le colonel Beckler, officier distingué, reçut une blessure mortelle.

Au même instant, le général Nansouty, à la tête de la division Klein et d'une brigade de cavalerie légère, culbutait, en avant de Kursom, les cosaques et la cavalerie ennemie qui traversaient l'Wrka. Augereau, avec le

7e. corps d'armée, passait la même rivière à Kursom, et combattait 15,000 hommes qui la défendaient. Ce passage fut très-brillant; le 14e. de ligne l'exécuta en colonne serrée, tandis que le 16e. d'infanterie légère engageait à droite une vive fusillade. A peine le premier eut-il passé le pont, qu'il fut chargé par la cavalerie ennemie; mais il la soutint avec intrépidité. La seule perte que nous eûmes à regretter fut celle du colonel, qu'un lancier perça d'un coup de lance. Cet officier était digne de commander le 14e. de ligne; sa mort fut cruellement vengée sur l'ennemi, qu'un feu à bout portant mit dans un désordre difficile à peindre.

Les Russes s'étaient retirés de Tykoczyn. Le 25, Davoust prit cette direction; Lannes marcha sur Pultsnuck; Bonaparte, avec la plus grande partie de la cavalerie de réserve, se porta sur Ciechanow.

Le général Gardannes, envoyé avec trente hommes de la garde pour reconnaître le mouvement de l'ennemi, annonça à Bonaparte qu'il passait la rivière de Sonna à Lopaczin, et se dirigeait sur Tycokzin. Murat, qui, bien que malade, n'avait pu résister au désir de prendre part aux événemens, prit deux escadrons de chasseurs de la garde; les divisions Klein et Nansouty se joignirent à lui. Arrivé au pont de Lopaczin, il trouva un régiment qui le gardait : il ordonna aussitôt l'attaque, et l'ennemi fut précipité dans la rivière.

Ce régiment faisait partie d'une colonne dont le reste n'était pas encore passé. Murat le fit charger par le colonel Dalhmann, à la tête des chasseurs de la garde. Plusieurs escadrons furent mis en déroute, et trois pièces de canon tombèrent en notre pouvoir.

Tycokzin, sur lequel cette colonne s'était imprudemment dirigée, fut ensuite occupé par Davoust, qui y prit 200 voitures de bagages, et une grande quantité de traînards qu'on ramassa de tous côtés.

Le maréchal Ney, chargé de manœuvrer pour détacher le lieutenant-général prussien Lestocq de l'Wrka, déborder et menacer ses communications, et pour le couper des Russes, dirigea ses mouvemens avec son habileté et son intrépidité ordinaires. Le 23, la division Marchand se rendit à Gurzno ; et, le 24, l'ennemi fut poursuivi jusqu'à Kunsbrock. Son arrière-garde fut entamée le 25. Il se concentra, le 26, entre Soldau et Mlawa, et se crut à l'abri de toute attaque. Il possédait 6,000

hommes d'infanterie, et un millier de cavaliers. Des marais environnaient la ville de
Soldau, qu'il occupait; et d'autres obstacles
s'opposaient à une invasion de la part de l'armée française.

Mais rien ne put résister aux efforts intré-
pides du 69e. et du 76e. régimens. En vain
l'ennemi se défendit-il dans toutes les rues,
partout il fut repoussé vigoureusement. Chassé
de la ville, il tenta quatre fois de la reprendre
pendant la nuit; mais il ne put réussir: il fut
contraint de se replier sur Neidembourg. Six
pièces de canon, quelques drapeaux, un grand
nombre de prisonniers, tel fut le résultat de
ce combat. Le général Wonderveidt se distingua par son intrépidité, et reçut une blessure dans la mêlée. Le colonel Brun du 69e.
se couvrit de gloire.

Pendant ce combat, la division Marchand
poussait l'ennemi de Mlawa, et remportait
un avantage très-remarquable.

Un autre combat se passa, le 23, au village de Biezun, entre le corps du maréchal
Bessières et un détachement ennemi qui voulait reprendre cette position importante. Chargés par la division Grouchy, les Prussiens et
les Russes, au nombre de 6,000 hommes,

furent enfoncés et jetés dans les marais : 5oo prisonniers, 5 pièces de canon et deux drapeaux furent le résultat de cette charge qui honore le général Grouchy. Les généraux Rouget et Roussel, et le chef d'escadron Renié, se conduisirent avec distinction. Le capitaine de la compagnie d'élite Launay fut tué. Plet, dragon du 6e. régiment, et Jeuffroy, fourrier du 3e., prirent chacun un étendard à l'ennemi. M. Bourrau, aide-de-camp du maréchal Bessières, reçut une blessure.

Tant de combats se passaient dans un pays inondé par les pluies pendant un hiver humide, rempli de marais, de chemins impraticables. L'artillerie ne pouvait avancer que lentement au milieu des boues ; l'infanterie et la cavalarie elle-même eussent craint de s'aventurer dans un pays qui était peu connu. C'est à cet état de choses que l'on doit attribuer la longueur de la campagne. Nous remportions des avantages signalés chaque jour ; mais nous ne pouvions les poursuivre comme nous l'eussions fait au printemps. L'ennemi, plus familiarisé avec le pays, avait le temps de se reconnaître, de se rallier, de se retrancher dans de fortes positions, et nous ne pouvions que le détruire par notre constance, notre endurcissement aux fatigues, et la précision de nos manœuvres.

Toutes les parties de la ligne ennemie s'étant avancées à la fois, nous eûmes un grand nombre de combats à soutenir ; ceux que j'ai rapportés ne sont pas les seuls qui furent livrés ; ils furent suivis des combats de Pultsnuck et de Golymin.

Le maréchal Lannes, étant arrivé, le 26 décembre au matin, à Pultsnuck, y trouva tout le corps du général Benigsen, qui, après avoir été poursuivi par la 3ᵉ. division de Davoust, s'était réuni, dans cette ville, à 2 heures du matin. Nous attaquâmes à 10 heures. La 1ʳᵉ et la 2e. lignes étaient occupées par les divisions Suchet et Gazan. La division Gudin, commandée par le général Daultanne, était à gauche. Le combat fut opiniâtre. Le 17e. d'infanterie légère et le 34e. se couvrirent de gloire. L'ennemi, culbuté sur tous les points, n'eut d'autre parti que la retraite. Quatre de nos généraux furent blessés, Vedel, Claparède, Treillard et Broussard ; le colonel Barthélemy le fut également. Les deux aides-de-camp Voisin et Curial reçurent une mort glorieuse ; le maréchal Lannes lui-même fut effleuré par une balle. Le 5e. corps d'armée montra une intrépidité

admirable. L'ennemi s'enfuit et gagna Ostrolenka.

Tandis que ces événemens avaient lieu à
Pultsnuck, le général Buxhowden se rendait à
Golymin, où il éprouvait une déroute complète. Les maréchaux Davoust et Augereau le
chargèrent des deux côtés opposés. Le général Lapisse avec le 16.e d'infanterie légère enleva à la bayonnette un village sur lequel s'appuyaient les colonnes ennemies; les divisions
Heudelet et Klein se réunirent à leurs frères
d'armes, et l'ennemi éprouva le même sort
qu'à Pultsnuck. Il se retira en laissant son artillerie, ses bagages, ses sacs sur le champ de
bataille, et reprit le chemin d'Ostrolenka.

Nous perdîmes dans tous ces combats environ mille hommes; et nous eûmes 2000 blessés. Le général Fénérolle succomba à l'affaire
de Golymin.

De leur côté, les Russes eurent 12,000
hommes tués, blessés ou faits prisonniers; .
80 pièce de canon tombèrent entre nos mains.

A cette époque, les Russes et les Prussiens
étant repoussés à plus de 40 lieues, Bonaparte
mit l'armée en quartiers d'hiver.

Parmi nos blessés on distingue le général
Rapp, le colonel Semèle. M. Philippe de Ségur,

maréchal-des-logis de la maison de Bonaparte, fut pris par les Russes en allant à Nasielk ; il se défendit long-temps, en tua deux
de sa main , mais fut contraint de céder au
nombre.

Depuis long-temps Breslau, assiégée par
Jérôme Bonaparte, résistait aux efforts de nos
troupes : cette ville fut réduite en cendres
avant de consentir à se rendre ; tant qu'elle espéra du secours des Russes, elle tint ; mais
lorsque ceux-ci, rejetés hors de la Pologne
prussienne, furent mis dans l'impossibilité
d'en approcher, elle demanda à capituler. Le
8 janvier 1807, la garnison, forte de 5,500
hommes, défila devant l'armée française.

Jérôme Bonaparte, maître de cette place,
marcha sur les autres forts de la Silésick. Le
général Victor se mit en route sur Dantzick et
Colberg, dans l'intention de les assiéger.

Le roi de Prusse, en apprenant nos nouvelles victoires, quitta Kœnisberg, et se retira sur Memel.

Le prince de Pless, qui se trouvait à la
tête d'un corps de 10,000 hommes tirés des
places fortes , fut rencontré le 25 décembre à
Olhau, par le général Montbrun, à la tête de
la cavalerie wurtembergeoise. Le prince de

Pless le fit attaquer ; mais il demeura inférieur, et perdit beaucoup de monde. Le lendemain il fut battu de nouveau par l'adjudant-commandant Duveyrier, près du village de Grietern ; il se retira précipitamment.

L'armée, quoique mise en quartiers d'hiver, eut encore des combats à soutenir ; Jérôme, à la tête d'un corps assez considérable, assiégeait les places fortes de la Silésie. Brieg se rendit le 11 janvier. Un combat eut lieu entre les corps du maréchal prince de Ponte-Corvo et une colonne russe, près Liebstadt, à Morhingen, au-delà de la petite rivière de la Passarge. Ce fut le 27 janvier que le maréchal Bernadotte, qui était à Elbing, instruit que les Russes étaient dans ces parages, se porta sur Morhingen avec la division Drouet, à onze heures du matin. Le général Pactod était alors aux mains avec l'ennemi. Sur-le-champ le prince fit attaquer le village de Psarrefeldehen par un bataillon du 9.e d'infanterie légère. Trois bataillons russes qui le défendaient furent soutenus par trois nouveaux bataillons. De notre côté, deux bataillons s'avancèrent pour appuyer le 9.e ; la mêlée fut très-vive. Le drapeau du 9.e fut un moment enlevé par l'ennemi ; mais ce brave régiment, indigné de se voir ravir le talisman de son honneur, sans lequel il ne devait plus y avoir pour lui qu'humiliation et que honte, s'élança sur l'ennemi avec le courage du désespoir, l'écrasa, et, victorieux, ressaisit son étendard sacré.

Cependant le 8.ᵉ de ligne, le 27.ᵉ d'infanterie légère, et le 94.ᵉ avaient formé notre ligne; elle se précipita sur la ligne russe; la fusillade devint très-meurtrière; on tirait à bout portant.

Tout-à-coup le général Dupont, à la tête des 32.ᵉ et 96.ᵉ régimens, paraît sur la scène; la droite de l'ennemie est tournée. Un bataillon du 32.ᵉ s'élance avec impétuosité sur les Russes, les met en désordre, et répand au milieu d'eux le carnage et la mort. C'en est fait, l'ennemi lâche pied; il est poursuivi à toute outrance. On ne fait de prisonniers que les hommes qui se trouvent dans les maisons. Si la nuit ne fût survenue, nous eussions obtenu un résultat encore plus avantageux; la perte des Russes a été évaluée à 1200 hommes morts ou blessés, 300 faits prisonniers. La nôtre ne s'éleva pas à plus de 100 hommes tués et 400 blessés.

Le général de brigade Laplanche a mérité d'être distingué. Le 19.ᵉ de dragons s'est fait remarquer par une très-brillante charge. En général la rapidité et la précision des mouvemens de nos troupes méritent les plus grands éloges.

L'avant-garde de l'armée russe se retira sur Liebstadt. Le 27 janvier elle fut renforcée par plusieurs divisions qui vinrent la joindre. Tout semblait se disposer pour transporter le théâtre de la guerre sur le bas de la Vistule. Un nouveau corps russe, commandé par le général Essen, accourut de la Moldavie, où il était destiné à combattre les Turcs, et se réunit ainsi aux débris de l'armée russe, commandée par le général Bénigsen ; le général Kaminski avait été disgracié et rappelé en Russie.

Bonaparte, voyant les intentions de l'ennemi, conçut le projet de les favoriser. Il donna ordre au prince de Ponte-Corvo de battre en retraite ; ensuite il prononça la levée des quartiers d'hiver.

Le maréchal Lannes étant malade, Savary prit le commandement du 5.e corps. Ce général se porta, le 31 janvier, à Brock, pour tenir en échec le corps du général Essen, cantonné sur le haut Bug. Le 3.e corps se réunit à Mysiniez, le 4e, à Willemberg, le 6e. à Gilgembourg, le 7.e à Neidenbourg. Bonaparte partit de Warsovie, et arriva le 31 à Willemberg; Murat s'y trouvait depuis deux jours avec toute sa cavalerie. Le prince de Ponte-Corvo quitta successivement Osterode et Tobau, et se jeta sur Stassbourg. Le maréchal Lefèbvre se plaça à Thorn avec le 10.e corps.

On se mit en marche le 1.er février. L'avant-garde ennemie fut rencontrée à Passenheim; elle prenait déjà l'offensive, et se portait sur Willemberg. Murat la fit charger par plusieurs colonnes de cavalerie, et prit la ville de vive force.

Le 2, le grand-duc de Berg se porta à Allenstein, avec le corps du maréchal Soult. Il y fut rejoint par les maréchaux Augereau et Ney, dans la journée du 3. Davoust marchait sur Whastrubourg.

Cependant l'armée ennemie, qui avait rétrogradé en toute hâte, se rangea en bataille près de la Vistule ; sa gauche était appuyée au village de Moudtken ; son centre à Joukowo , couvrait la grande route de Liebstadt.

Bonaparte se porta au village de Getkendorf. Le maréchal Ney fut placé à gauche, Augereau occupa le centre, et Soult commanda la droite. Ce général reçut l'ordre de se porter sur le chemin de Gustadt et de s'emparer du pont de Bergfried, afin de pouvoir déboucher sur les derrières de l'ennemi, et le perdre ainsi sans ressource. Le maréchal Soult envoya le général Guyot s'emparer de Gustadt; celui-ci prit une grande partie des bagages de l'armée ennemie, et fit 1600 prisonniers. Au même instant, les divisions Leval et Legrand se portèrent sur le pont de Bergfried. L'ennemi, dont cette position protégeait le flanc gauche, fit tous ses efforts pour la défendre ; douze de ses meilleurs bataillons y furent envoyés. Le canon commença à deux heures. Le 4.ᵉ de ligne, et le 24.ᵉ d'infanterie légère attaquèrent les Russes ; soutenus par un bataillon du 28.ᵉ en réserve, ils débusquèrent ceux-ci du pont qu'ils occupaient, enfoncèrent tous leurs bataillons, prirent 4 pièces de canon, et couvrirent le champ de bataille de morts et de blessés. L'ennemi épouvanté, prit la fuite, et nous abandonna toutes ses positions.

Le village du centre fut pris par le maréchal Ney, qui fit une centaine de prisonniers.

Le 4 au matin, après avoir battu la plaine, nous restâmes convaincus que l'ennemi s'était retiré ; il n'avait laissé qu'une faible arrière-garde qui fut poursuivie pendant six lieues.

La journée du 5 fut marquée par deux combats qui préparèrent la victoire que nous devions remporter le lendemain. L'armée russe rétrograda sur les routes d'Arendorf et de Lansberg. Murat, Soult et Davoust se mirent à sa poursuite ; ils passèrent la rivière d'All, battirent à Waterdorff, à Deppen, un corps de Russes qui avait été coupé, et lui firent plusieurs milliers de prisonniers. Nous perdîmes environ 100 hommes. Le général Gardannes fut blessé ; le général Latour-Maubourg le fut également ; les colonels du 4.ᵉ de dragons et du 4.ᵉ de ligne, l'adjudant-commandant Laubardière, reçurent aussi des blessures.

Le 6, l'armée exécuta différentes marches sur les traces de l'ennemi. L'arrière-garde ennemie, qui fut rencontrée entre Glandau et Hoff, et qui se composait de 12 bataillons, fut attaquée par le duc de Berg. L'armée russe voulut la soutenir, mais elle-même reçut un échec considérable. Le village de Hoff, forte position, fut disputé avec vigueur, et finit par rester en notre pouvoir. Les cuirassiers se couvrirent de gloire.

La nuit du 6 au 7, les deux armées furent en présence. L'ennemi fila pendant la nuit. Le matin, notre avant-garde se mit en marche, et rencontra l'arrière-garde ennemie entre le bois et la petite ville d'Eylau. Après un court combat, dans lequel nous remportâmes l'avantage, l'armée entra dans Eylau, et reconnut que l'ennemi était en position derrière cette ville. Un plateau, situé à un quart de lieue d'Eylau, fut enlevé par le 46.ᵉ et le 18.ᵉ de ligne; trois régimens russes qui le défendaient furent culbutés. Au même moment un des bataillons du 18.ᵉ fut chargé par une colonne russe, qui lui fit beaucoup de mal; mais les dragons de la division Klein s'en aperçurent à temps, et le combat s'engagea dans Eylau. L'ennemi, qui avait placé plusieurs régimens dans une église et dans un cimetière, se défendit avec courage; le combat fut meurtrier; mais enfin la victoire se décida en notre faveur, à dix heures du soir.

Les mouvemens rétrogrades que Bonaparte avait ordonnés quelques jours auparavant, et qui avaient pour but d'attirer l'ennemi sur le bas de la Vistule, devait le perdre sans ressource, s'ils avaient produit l'effet désiré. Malheureusement, à la guerre, des événemens au-dessus de la prévoyance humaine, renversent les plans les plus savamment conçus; un émissaire de l'armée française avait été envoyé vers le prince de Ponte-Corvo, pour lui remettre l'ordre de la marche de l'armée française. Cet émissaire tomba entre les mains des cosaques, et n'eut pas le temps de brûler ses dépêches, de sorte que l'ennemi fut instruit de nos intentions; cessant alors de marcher, il se rangea en bataille à Allenstein, comme nous l'avons dit; et l'armée française, qui n'était point informée du malheur arrivé à son envoyé, ne sut alors que penser de cette manœuvre. L'ennemi avait le projet de livrer bataille, et de nous prendre au dépourvu, mais le combat de Bergfried le força à la retraite; une de ses colonnes fut coupée, et défaite à Deppen par le maréchal Ney. Ces succès nous tirèrent du danger où nous étions; et lorsque la bataille d'Eylau fut livrée, nous avions repris nos avantages.

Cette bataille, à jamais mémorable, fut livrée le 8 février, à la pointe du jour; voici quelle était la disposition de nos troupes.

La division du général Saint-Hilaire formait la droite de l'armée; le maréchal Augereau formait la gauche; en avant d'Eylau était la division Legrand; le maréchal Davoust avait débordé la ville, afin de tomber sur le flanc gauche de l'ennemi; le maréchal Ney était en marche pour déborder son flanc droit.

Le duc de Berg commandait la cavalerie; l'empereur avec la garde devait se porter où sa présence serait nécessaire.

L'ennemi commença l'attaque par une très-vive canonnade dirigée sur Eylau, et sur la division Saint-Hilaire; à gauche, le maréchal Augereau que de vives souffrances n'avaient point empêché de se rendre au champ d'honneur, fit canonner les rangs serrés de l'armée russe, qui de son côté riposta par une canonnade non moins épouvantable. Tous les coups portaient, et la mort parcourait avec une effrayante rapidité les lignes des deux armées.

Bonaparte se porta vers l'église d'Eylau, dont l'ennemi voulait s'emparer. Il parvint à détruire l'effet de cette attaque, et les Russes, pour échapper aux ravages que nos batteries faisaient dans leurs rangs, voulurent enlever la ville par la position d'un moulin à vent qui était à notre gauche; là 40,000 Français furent obligés de soutenir le choc de toute l'armée ennemie. Bonaparte, s'efforçant, dans cette situation critique, de dégager la gauche de son armée, ordonna à la division Saint-Hilaire de se porter sur l'extrême gauche des Russes, et de se réunir aux efforts de Davoust qui faisait entendre ses tirailleurs sur les derrières de l'armée ennemie. Le maréchal Augereau reçut ordre de charger les tirailleurs russes, qui venaient jusqu'au monticule du cimetière, et d'appuyer le général Saint-Hilaire, afin de former une ligne oblique du village à la position du maréchal Davoust.

Au moment où on effectuait ces mouvemens une neige épaisse, et telle qu'on ne distinguait pas à deux pas devant soi, tomba par énormes flocons, couvrit les deux armées, répandit une profonde obscurité, et rendit la marche de nos colonnes incertaines. Le point de direction fut perdu ; elles s'appuyèrent trop à gauche, et l'obscurité s'étant dissipée, on vit combien cette fausse manœuvre pouvait compromettre le succès de la bataille.

Le danger était imminent ; il fallait, pour le conjurer, employer des moyens rapides. Une charge générale est ordonnée ; le maréchal Bessières se met à la tête de la garde à cheval ; Murat prend le commandement de toute la cavalerie ; ils débordent audacieusement le général Saint-Hilaire, et se précipitent

comme la foudre sur l'armée russe. L'infanterie est culbutée, l'artillerie enlevée, le mas-
sacre est horrible. Plus de 20,000 hommes
sont contraints d'abandonner leurs pièces; le
général Dalhmann périt avec un bon nombre
de ses chasseurs, mais sa mort est glorieuse.
Cette manœuvre, admirablement exécutée,
rend à notre armée tout l'avantage qu'elle
avait perdu. L'ennemi chassé contre des bois
est obligé de se déployer et de s'étendre. Si la
difficulté de le poursuivre n'eût point arrêté
notre course, c'en était fait de son salut, et
la victoire était déjà gagnée.

Une colonne de 4 ou 6,000 Russes s'était
égarée pendant l'obscurité, après avoir filé sur
le flanc de la colonne d'Augereau ; elle se présenta devant le cimetière pour l'enlever, mais
le général Dorsenne s'y porta avec un bataillon de la garde, et la colonne russe, à cet aspect, demeura terrassée. Les grenadiers français, refusant de tirer, demandaient à marcher
la bayonnette en avant, lorsqu'un escadron
de la garde chargea avec une grande intrépidité; deux régimens de chasseurs, sous les
ordres du général de brigade Bruyère, envoyés par Murat, survinrent en même temps,
chargèrent en queue, et des 4 ou 6,000 Rus-

ses , il s'en sauva à peine un petit nombre.

Cependant Davoust, arrivé à la hauteur du bois , enleva le plateau qu'occupait la gauche de l'armée russe , et couronna cette position à trois heures du soir. Trois fois l'ennemi voulut le reprendre , trois fois ils fut repoussé. Notre armée appuyant sa gauche à Eylau , et sa droite au bois d'où l'ennemi avait été chassé, demeura maîtresse du champ de bataille , et la victoire fut décidée. L'ennemi se mit en devoir de faire sa retraite ; pour la protéger , une division prussienne , poursuivie par le maréchal Ney, après le combat de Deppen , se porta en toute hâte à la défense de l'armée russe, et voulut s'emparer du village de Schmoditen, mais elle trouva la place prise. Six bataillons de grenadiers de la réserve du général russe attaquèrent le même village ; ils furent reçus par une décharge à bout portant du 6.e d'infanterie légère , et du 59.e de ligne , qui aussitôt après marchèrent sur eux la bayonnette croisée, et les défirent complètement. Dès-lors l'ennemi se retira en déroute sur Kœnisberg.

La perte de l'ennemi fut immense. On l'évalue à 7,000 morts et plusieurs milliers de blessés. La nôtre fut malheureusement considérable.

Trois cents bouches à feu vomirent la mort de^s
part et d'autre pendant ₹ 2 heures : 24 pièce
de canon et 16 drapeaux restèrent entre nos
mains.

Parmi nos blessés, dont le nombre fut de
5,000, on distingua le maréchal Augereau,
les généraux Desjardins, Heudelet, Lochet,
Bonardi Saint-Sulpice.

Nous eûmes 1,900 morts. Les généraux
Corbineau et Dalhmann furent du nombre. Le
général d'Hautpoult, le colonel Lacuée, du
63.e, le colonel Lemarrois, du 43.e; le colonel Bouvières, du 11.e régiment de dragons,
reçurent des blessures mortelles.

Si nous remportâmes la victoire, on ne
peut se dissimuler qu'elle fut bien chèrement
payée du sang de tant de braves; ils ne mou-
urent pas, il est vrai, sans vengeance. Des
milliers de cadavres ennemis les entourèrent;
des hécatombes entières honorèrent le tombeau
de chaque soldat. Le champ de bataille était
horrible à voir; l'ennemi, contraint de fuir,
avait abandonné ses blessés, qui reçurent des
soins touchans de leurs ennemis.

Le lendemain de la bataille, Bonaparte

monta à cheval accompagné de Murat, Berthier, Soult, Davoust, Bessières, de M. de Caulaincourt, et des aides-de-camp Mouton, Gardannes et Lebrun; il passa en revue plusieurs divisions, et parcourut toutes les positions que les deux armées avaient occupées la veille. Une neige épaisse couvrait entièrement la plaine, sur laquelle des milliers de morts et de blessés étaient étendus; les traces de sang formaient, avec la blancheur de la neige, un contraste effrayant. Des pelotons de Français, et quelques prisonniers russes parcouraient en silence, mais avec des sentimens différens, ce champ de carnage, où la place de chaque bataillon était dessinée par des légions de cadavres russes, des débris de havresacs et d'armes. Les morts couvraient les mourans. Les cris des uns, le morne repos des autres, le bruit éloigné de quelques coups de canon répétés par les échos, les croassemens funèbres de quelques oiseaux de proie, les bois dépouillés de leurs feuilles, et couverts de neige, enfin l'église et le cimetière d'Eylau qui montraient dans le lointain leurs murs que la guerre n'avait point respectés, tout inspirait des idées sinistres, présentait des contrastes frappans, respirait une horreur inexprimable.

Bonaparte s'arrêtait devant les blessés, les faisait questionner dans leur langue, et ordonnait qu'on leur prodiguât des secours. Un jeune Lithuanien, auquel un boulet avait emporté le genou, avait conservé son courage au milieu de ses compagnons expirans. Il se soulève à la vue du chef de l'armée française : « César, lui dit-il, tu veux que je vive ? eh bien ! qu'on me guérisse ; je te servirai fidèlement comme j'ai servi Alexandre. »

Le capitaine des grenadiers à cheval de la garde, Auzouï, blessé à mort, était couché sur le champ de bataille. Ses camarades vinrent pour l'enlever et le porter à l'ambulance. Revenu à lui, il refusa leurs secours, et leur dit : « Laissez-moi, mes amis, je meurs content, puisque nous avons la victoire, et que je puis mourir sur le lit d'honneur, environné de canons pris à l'ennemi, et des débris de leur défaite. Je n'ai qu'un regret, dans mes derniers momens, c'est que je ne pourrai plus rien pour la gloire de notre belle France. »

CHAPITRE VII.

Réflexions sur la bataille d'Eylau. — Position de l'armée française. — Combat de Marienwerder. — Combat d'Ostrolenka. — Suspension d'armes entre la France et la Suède. — Siége de Dantzick. — Combat de Weischelmunde. — Dantzick capitule. — Combats de Spanden, de Lomitten, de Wolfsdorff, de Gustadt, d'Heilsberg. — Bataille de Friedland. — Paix de Tilsitt.

LA bataille d'Eylau ne doit pas être confondue avec celles qui l'ont précédée dans cette campagne et dans les campagnes antérieures. Si le plus beau succès est celui où de grands résultats ont été obtenus avec le moins de perte possible, on doit ranger celui d'Eylau dans le nombre des moins avantageux. A Jéna, la victoire fut gagnée, elle fut achetée à Eylau. Le sang d'un grand nombre de braves arrosa le champ de bataille, et la France, toute victorieuse qu'elle était, n'en eut pas moins des pleurs à répandre.

Des obstacles sans nombre contrarièrent les opérations de l'armée française. L'intempérie de la saison, les nombreuses rivières qui coupent le pays, les bois et les marais derrière lesquels le vaincu trouvait toujours une retraite assurée, les variations continuelles d'un temps tantôt humide, tantôt froid et toujours malsain, tout enchaîna l'activité française. Plusieurs fois nous nous trouvâmes dans une position difficile; à Eylau même, un moment la fortune parut pencher du côté des Russes.

Si nos armées aux batailles de la révolution, dans les journées d'Austerlitz et d'Jéna, présentent un beau et magnifique spectacle; dans la suite, il faut le dire, il s'opérera un changement de plus en plus funeste. Déjà la seconde campagne d'Autriche portera un caractère d'acharnement, suite trop nécessaire de l'habitude des combats, preuve trop évidente qu'un système continu de guerre amène progressivement la décadence de la civilisation des peuples. L'art des rapines se perfectionnera parmi les vainqueurs et les vaincus, et les hommes seront trop souvent semblables à des bêtes féroces, dont le plus grand plaisir est de s'entre-déchirer. En examinant avec attention l'histoire de la guerre depuis vingt ans,

on verra que d'abord elle fut sainte, patriotique; que peu à peu elle dégénéra; qu'à la
création de l'empire, elle prit le caractère des
premières guerres de l'empire romain, et que
dans ses dernières années, elle se rapprocha
quelquefois des guerres du Bas-Empire.

Au reste, l'honneur de nos armées réclame
cette justice, si parfois quelques soldats se
livrèrent à des excès condamnables, une grande
partie de l'armée fut aussi humaine après le
combat, qu'elle avait été brave sur le champ
de bataille. Obéissante envers son chef, elle ne
fut point coupable du crime de son ambition.
A lui doivent s'adresser tous les reproches; à
elle appartiennent la gloire et la reconnaissance.

Vaincu à Eylau, l'ennemi se retira derrière
la Prégel, qui passe à Kœnisberg, et se jette
dans la Baltique. Si cette rivière eût été prise,
nous l'aurions poursuivi dans sa retraite, mais
le dégel contraignit le chef de notre armée à
ne pas l'entreprendre. Il remit ses troupes en
quartiers d'hiver, et leur fit prendre leurs cantonnemens. Murat porta son quartier-général
à peu de distance de la Prégel.

Le 12 février, le maréchal Lefèvre se porta
avec son corps sur Marienwerder; sept esca-

drons prussiens l'occupaient ; ils furent attaqués et mis en fuite. Leur perte s'éleva à 300
hommes, parmi lesquels un colonel, un major, plusieurs officiers et 250 chevaux. Ce qui
échappa se retira sur Dantzick.

Tandis qu'on se battait dans le nord de la
Prusse, Jérôme Bonaparte poursuivait le siége
des places de Silésie. Le 7 février, Schweidnitz
capitula. Le général de brigade Lefèvre força
l'ennemi dans ses positions de Frankenstein
et Neuhrode, et cerna dans Glatz le gouvernement prussien de Silésie. Cette affaire fit
honneur aux troupes de Wurtemberg ; la perte
des Prussiens fut de 400 hommes, dont cent
furent tués.

Le général Savary, qui commandait par *in-
terim* le corps du maréchal Lannes, retenu
au lit par une assez grave maladie, n'avait
point assisté à la bataille d'Eylau. Il tenait en
échec à Brok, sur le Haut-Bug, le corps du
général Essen. Ce corps, composé de 25,000
hommes, se porta le 15 sur Ostrolenka, par
les deux rives de la Narew. Arrivé au village
de Flaciès-Lawowa, il fut rencontré par l'avant-
garde de Savary.

Le 16, au matin, le général Gazan se porta
avec une partie de sa division pour soutenir

cette avant-garde. A huit heures il rencontra l'ennemi près de Nowogród ; l'attaquer, et le mettre en déroute, fut l'affaire d'un instant. Mais au même moment, une colonne ennemie attaquait Ostrolenka par la rive gauche ; cette petite ville était défendue par le général Campana, avec une brigade de la division Gazan, et par le général Ruffin, avec une brigade de la division Oudinot. Savary y envoya le général Reille, chef de l'état-major du corps d'armée. L'infanterie russe, sur plusieurs colonnes, voulut emporter la ville. Elle pénétra jusqu'au milieu des rues, mais trois charges consécutives la culbutèrent trois fois, et jonchèrent les places publiques de morts et de mourans. L'ennemi consterné se retira et prit position derrière la ville.

Les divisions Suchet et Oudinot se dirigèrent sur Ostrolenka ; elles y entrèrent à midi. Savary disposa sa petite armée en ordre de bataille ; le général Oudinot prit la gauche, le général Suchet le centre, et la division Gazan la droite ; toute l'artillerie fut disposée pour les couvrir, et l'on marcha à l'ennemi : le brave général Oudinot se mit à la tête de la cavalerie, fit une belle charge, et tailla en pièces les Cosaques de l'arrière-garde. L'en-

nemi plia, et fut mené battant pendant trois
lieues ; il abandonna un grand nombre de
blessés ; deux généraux et plusieurs officiers
furent dans le nombre des morts , qui s'éleva
à 1800. Notre perte fut peu considérable ,
mais 'e général Campana , qui périt à cette
affaire , laissa beaucoup de regrets. Ce brave
officier faisait concevoir les plus belles espérances. Il était né dans le département de
Marengo. Le 103.e régiment se couvrit de
gloire ; les colonels Duhamel et Nourrit obtinrent l'honneur d'une blessure.

Le corps de Savary reçut, après cette victoire, l'ordre de prendre ses quartiers
d'hiver.

Le maréchal Mortier , que nous avons laissé
sur le chemin de la Poméraie suédoise , y
entra vers cette époque : il bloqua Stralsund.
L'ennemi , par un esprit de défense horrible
et funeste , incendia le beau faubourg de
Kniper, et ruina en un seul jour plus de deux
mille habitans , qui se trouvèrent sans asile et
sans pain.

L'armée entra le 18 février dans ses cantonnemens ; Elbing, Liébstadt, et Ostérode ,
Marienwerder et l'île de Nogat , parties les
plus fertiles de ces contrées furent occupées

par notre gauche. Le reste de l'armée se cantonna derrière la Passarge.

Dans ce temps, Bonaparte fit lire à ses soldats une proclamation qui mérite d'être conservée. Le ton de grandeur et de dignité qu'il y prend convenait surtout à la grande nation qui depuis six mois marchait de victoire en victoire.

« SOLDATS!

« Nous commencions à prendre un peu de repos dans nos quartiers d'hiver, lorsque l'ennemi a attaqué le premier corps et s'est présenté sur la basse Vistule. Nous avons marché à lui, et nous l'avons poursuivi l'épée dans les reins, l'espace de 80 lieues. Il s'est réfugié sous les remparts de ses places, et a repassé la Prégel; nous avons enlevé aux combats de Bergfried, de Deppen, de Hoff, à la bataille d'Eylau, 65 pièces de canon, 16 drapeaux; et tué, blessé et pris plus de 40 mille hommes. Les braves, qui de notre côté sont restés sur le champ de bataille, sont morts d'une mort glorieuse. C'est la mort des vrais soldats! leurs familles auront des droits constans à notre sollicitude, à nos bienfaits. Ainsi, ayant déjoué tous les projets de l'ennemi, nous allons nous rapprocher de la Vistule, et rentrer dans nos cantonnemens. Qui osera en troubler le repos s'en repentira ; car au-delà de la Vistule, comme au-delà du Danube, au milieu des frimats de l'hiver, comme au commencement de l'automne, nous serons toujours les soldats français, et les soldats de la grande armée ! »

Le 25 février, Bonaparte, instruit qu'une division russe s'était portée sur Braunsberg, à la tête de nos cantonnemens, ordonna que cette place fût attaquée. Le prince de Ponte-Corvo chargea de cette expédition le général Dupont, officier très-distingué. Le 26, à deux heures après midi, le général Dupont se présenta devant Braunsberg, attaqua l'ennemi, fort de dix mille hommes, le chassa de la ville la baïonnette en avant, et le força de repasser la Passarge. 2,000 prisonniers, 16 pièces de canon furent le résultat de cette affaire. La ville fut jonchée de cadavres russes.

Le 9.e d'infanterie légère, le 32.e, le 96.e de ligne se conduisirent avec leur bravoure ordinaire : on cite comme plus particulièrement dignes d'éloges, les généraux Barrois, Lahoussaye, le colonel Semèle du 24.e de ligne, le colonel Meunier, du 9.e d'infanterie légère, le chef de bataillon Rouge, du 32.e de ligne, et le chef d'escadron Hubinet, du 9.e de hussards.

Si l'on fait le calcul des pièces de canon prises sur l'ennemi depuis l'entrée des Français à Warsovie, on trouvera qu'il s'élève à 175. De notre côté, nous n'en avions pas perdu une seule.

Un autre combat eut encore lieu à Péterswa'de; le général Léger Belair chassa l'ennemi, et lui fit un grand nombre de prisonniers.

Le général Savary, qui s'était couvert de gloire à Ostrolenka, reçut en récompense la grande décoration de la légion d'honneur. Bonaparte le rappela près de sa personne. Son corps, cantonné près de la Narew, fut placé sous les ordres de Masséna.

Le 1er. mars, l'ennemi, encouragé par sa position, et ne croyant pas devoir redouter la nôtre, fit voir ses postes le long de la rive droite de la Passarge. Les maréchaux Soult et Ney furent chargés de le repousser. Les Russes, en s'apercevant de nos intentions, se retirèrent en toute hâte sur Kœnisberg : leurs postes furent poursuivis pendant huit lieues; mais, quand ils reconnurent que nos avant-gardes seules avaient quitté leurs régimens , ils se rapprochèrent , et deux régimens de grenadiers se portèrent sur Zechern : reçus à bout portant par les 27.e, 29.e et 50.e, ils perdirent beaucoup de monde.

Ce combat fut suivi d'un assez grand nombre d'engagemens trop peu sérieux pour mériter de longs développemens. A Willemberg , le prince Borghèse repoussa un corps de cavalerie russe , qui s'était porté sur ce point avec des intentions hostiles. D'autres points furent encore attaqués sans succès ; mais ce qui se passa de plus important , depuis le commencement d'avril jusqu'au mois de juin , ce fut le siége des différentes places que l'ennemi occupait encore. Une partie des forteresses de la Silésie s'étaient rendues ; celles qui n'avaient pas ouvert leurs portes étaient investies par Jérôme Bonaparte. Elles faisaient de temps en temps des sorties , dont elles n'obtenaient pas souvent des résultats avantageux. Dans la Poméranie suédoise, le maréchal Mortier assiégeait Colberg , qui ne s'était pas encore rendu , lorsqu'un armistice ramena quelque temps la bonne intelligence entre les cabinets de Stockholm et de St.-Cloud. Dantzick , une des plus fortes villes de l'Allemagne, tint plus ong-temps qu'aucune autre place ; son siége dura cinquante jours. Ces retards, il est vrai, furent occasionnés par la difficulté de transporter notre artillerie de siége sur les bords de la Baltique. Il fallut lui faire traverser toute l'étendue de pays qui sépare Stettin et Glogau de la place de Dantzick. Les inondations faites par l'ennemi en rendirent l'accès difficile ; et, d'un autre côté, la facilité avec laquelle il pouvait recevoir des renforts par mer renouvelait sans cesse ses moyens de défense. Enfin, la place ne put tenir contre l'habileté du brave maréchal Lefèvre. En vain la garnison, soutenue par les renforts journaliers qu'elle recevait, fit-elle des sorties fréquentes, nous l'écrasâmes toutes les fois qu'elle prit l'offensive, et les assiégés finirent par capituler.

Les bornes de ce récit ne nous permettent pas de donner le journal de ce siége ; nous sommes forcés de nous restreindre à quelques détails sur les principales affaires qui eurent lieu devant Dantzick.

Le 16 avril, les Russes firent une sortie pour attaquer le général Gardannes. L'attaque fut impétueuse, et le combat opiniâtre pendant plus de trois heures : les Russes furent enfin culbutés ; un grand nombre d'entre eux périt, et l'armée française se maintint toujours pendant l'action entre les maisons et ses travaux. Le combat était terminé avec les Russes ; une colonne prussienne, partie de Dantzig, parut, et le recommença. Ce second combat dura autant que le premier : il porta le même caractère d'acharnement ; il eut aussi la même issue ; Russes, Prussiens, tout fut écrasé ; 500 hommes au moins périrent ; le reste s'enfuit précipitamment dans le fort ou dans la ville. Notre perte fut de 120 hommes ; toutes nos troupes se montrèrent dignes d'elles. Les carabiniers du 2.e d'infanterie légère firent des prodiges de valeur. Les Polonais se firent aussi remarquer dans le nombre des plus braves. Les généraux Gardannes et Schram soutinrent tout l'effort des Russes. Le chef de bataillon du génie Sabatier, le capitaine Halstorfer, les aides-de-camp Plique et Huguet, le lieutenant d'artillerie Souplet, le sous-lieutenant Muller méritent d'être cités ; le lieutenant de sapeurs Quéru tua plusieurs Russes de sa main.

Pendant la nuit du 27, l'ennemi, qui avait fait un feu très-vif pendant toute la journée, cessa tout-à-coup de se faire entendre : ce silence semblait annoncer une sortie. Le maréchal Lefèvre fit ses dispositions ; il ordonna de laisser passer l'ennemi dans les tranchées non achevées, et ensuite de l'attaquer par les flancs pour couper la tête de sa colonne. Ce mouvement réussit à souhait. L'ennemi, qui sortait à petit bruit, fut repoussé avec perte, et la tête de la colonne coupée resta prisonnière. Le sapeur Laigh tua un officier d'un coup de baïonnette.

La nuit suivante fut encore marquée par un succès. L'ennemi tenta trois fois de nous chasser de nos ouvrages, trois fois il échoua dans sa tentative. Le bataillon du 19.e devant Dantzick s'est couvert de gloire. Le fils du maréchal Lefèvre s'est fait remarquer par une charge très-brillante.

Les Français assiégeans s'étaient logés dans un chemin couvert, à l'abri des attaques de l'ennemi; une partie de leurs troupes était placée sur une presqu'île, et ne pouvait communiquer avec le corps principal qu'après un long détour à cause des inondations. On avait formé le dessein d'établir un pont sur la basse Vistule, pour rendre les rapports plus faciles; mais des batteries ennemies s'opposaient à l'établissement de ce pont; il fallait s'emparer de 'île formée par le canal et la Vistule. Le machal Lefèvre résolut de le tenter. Le général

Drouet examina les localités, questionna des déserteurs, prépara des moyens d'attaque. On chargea de l'expédition l'adjudant-commandant Aimé. Il prit avec lui 800 hommes; et, vers dix heures du soir, douze barques, pouvant contenir chacune vingt-cinq hommes, furent mises à l'eau. Cinquante grenadiers de la garde de Paris, deux cents hommes des 2e. et 12.e d'infanterie légère, et cinquante canonniers, mineurs et sapeurs, se placèrent dedans.

A une heure, les douze barques s'avancent à l'aide des rames. Les postes ennemis s'en aperçoivent; ils tirent quelques coups de fusil et deux coups de canon à mitraille : vains efforts! à force de rames, les barques touchent au rivage; le capitaine Avy, aide-de-camp du général Drouet, s'élance avec les cinquante grenadiers sur la première redoute, et l'enlève sans tirer un coup de fusil.

L'adjudant-commandant Aimé marche sur la redoute de gauche, et le chef de bataillon Armand sur les retranchemens de la pointe de l'île. Les Russes qui en défendent l'extrémité s'efforcent de diriger leur feu sur nos troupes; mais ils ne peuvent y réussir, et se replient. Ils sont poussés à la baïonnette; on les suit dans les redoutes qu'ils veulent défendre. Tout-à-coup le corps du général Gardannes, qui, au premier signal, avait traversé le canal, paraît, et coupe la retraite aux Russes : ce qui ne périt point devint prisonnier.

A gauche, le succès était complet, lorsqu'un second détachement débarqua dans l'île. L'adjudant - commandant Aimé l'envoya sur la droite. La redoute est attaquée, l'ennemi est défait; il laisse 2 pièces de canon, 180 hommes, dont 4 officiers. Le capitaine Avy, d'un autre côté, emporte les retranchemens qui protégeaient la dernière redoute; il l'emporte elle-même, et l'île est en notre pouvoir.

On cite particulièrement, parmi les officiers auxquels cette expédition fait honneur, MM. Aimé, Avy, Clop, Lapoterie, Ferber et d'Héricourt. Jacquemart, mineur, essaya long-temps, sous la mitraille, de limer la chaîne du bac par lequel l'ennemi aurait pu communiquer, et parvint à couper le poteau auquel elle était attachée.

Fortunas, chasseur au 2.ᵉ d'infanterie légère, s'étant porté en avant, tomba au milieu d'une colonne de Russes qui criaient : *Ne tirez pas, nous sommes Français!* Menacé d'être tué s'il parlait, il brave tout, et s'écrie :

Tirez, tirez, mon capitaine; ce sont des Russes!

Dantzick ne pouvait résister long-temps, s'il ne recevait pas de secours. Les alliés tinrent à Barteinstein un conseil de guerre, où l'on mit en délibération si l'on porterait des secours à Dantzick, ou si l'on ferait une diversion, en passant la Passarge, et en attaquant les Français. Le premier avis fut adopté. En conséquence on s'occupa à secourir la place par mer. Le général Kaminski, fils du feld-maréchal, s'embarqua à Pillau, avec deux divisions russes formant douze régimens, et plusieurs régimens prussiens.

Le 12, soixante-six bâtimens débarquèrent à l'embouchure de la Vistule, au port de Dantzick, sous la protection du fort de Weischelmunde.

Aussitôt Bonaparte ordonna au maréchal Lannes de se porter à Marienbourg avec le général Oudinot, pour renforcer l'armée sous Dantzick. Il arriva au moment du débarquement de l'ennemi. Le 13 et le 14, celui-ci se prépara à attaquer. Il était séparé de la ville par un espace de moins d'une lieue, occupé par les troupes françaises. Le 15, il déboucha du fort sur trois colonnes, projetant de pénétrer par la droite de la Vistule. Le général Schram, qui était aux avant-postes, reçut les premiers feux, et contint l'ennemi à une portée de canon de Weischelmunde.

Le maréchal Lefèvre occupa un pont sur le bas de la Vistule ; le général Gardannes fut chargé de la défense de la droite. Les forces de l'ennemi étaient supérieures : le combat fut opiniâtre et long-temps indécis. Le maréchal Lannes, avec la réserve d'Oudinot, était sur la gauche de la Vistule, qu'il passa avec quatre bataillons de cette réserve. Les Russes furent mis en déroute, et poursuivis jusqu'aux palissades ; à neuf heures du matin ils étaient bloqués dans le fort de Weischelmunde. Le champ de bataille fut jonché de morts. La place ne fit, pendant le combat, aucune sortie ; mais elle se contenta d'entretenir une vive canonnade. Le général Oudinot tua trois Russes de sa main. Le résultat de cette affaire fut 900 hommes tués, 1500 blessés, et 200 prisonniers.

Tandis que ces événemens se passaient devant Dantzick, les Russes essayaient de faire une diversion sur la Narew, sur le Bug et le long de la Passarge : nos avant-postes les repoussèrent sur tous les points.

Le 14 mai, l'ennemi fit une nouvelle tentative pour secourir Dantzick : il se dirigea sur
Kalhberg ; mais nos avant-postes le firent ré-
trograder ; il éprouva des pertes notables.

Après diverses autres attaques des Prussiens, toutes également infructueuses, le maréchal commandant résolut de tenter un assaut ;
il faisait ses préparatifs quand on vint lui proposer une capitulation. Ce général, jaloux
d'arrêter l'effusion du sang, et d'épargner à
une ville aussi importante les horreurs d'un
assaut, ne crut pas devoir refuser les offres qui
lui étaient faites. Le 17 mai, la garnison défila
devant l'armée française. Le général Kalkreuth,
commandant de Dantzick, signa une capitulation que les Français voulurent bien rendre honorable : 800 pièces d'artillerie, des magasins
de toute espèce, plus de 500,000 quintaux de
grains, des caves considérables, de grands magasins de draps et d'épicerie, des ressources
de toute espèce pour l'armée, tel fut le résultat
de ce siége, qui honore à jamais le maréchal
Lefèbre. Les généraux Chasseloup, Kirgener,
Lariboissière, Schram et Puthod méritent les
plus grands éloges.

Quelques jours après la reddition de Dantzick, le fort de Weischelmunde capitula. Ces

événemens annonçaient heureusement la nouvelle campagne qui allait s'ouvrir ; ils nous
donnaient les moyens d'appuyer nos troupes
sur des points avantageux , et nous mettaient
même de cueillir de nouveaux lauriers.

Dans cet état de choses, on sembla concevoir l'espérance d'une paix prochaine , mais
les difficultés qui naquirent prouvèrent qu'il
n'y avait pas plus de franchise d'un côté que
de l'autre. Depuis deux mois , tous les engagemens qui avaient eu lieu , si l'on en excepte
le siége de Dantzick , n'étaient que des escarmouches. Tout-à-coup, au milieu des négociations commencées , l'armée entière des
Russes courut aux armes , et l'on dut croire
que les pourparlers qui avaient eu lieu n'é-
taient qu'un moyen d'endormir l'activité française, si cela eût été possible. L'armée française ayant été attaquée, toute négociation
cessa , et la campagne pût être regardée comme
r'ouverte.

Le 5 juin, l'armée russe se mit en mouvement; sa droite attaqua la tête du pont de
Spawden , défendue par le général Frère , avec
le 27.e d'infanterie légère. Douze régimens
russes et prussiens firent de vains efforts ; sept
fois ils furent repoussés. Cependant le prince

de Ponte-Corvo avait réuni son corps d'armée ; mais, avant qu'il pût déboucher, une seule charge du 17.e de dragons avait chassé l'ennemi du champ de bataille. Le prince de Ponte-Corvo reçut, dans l'intervalle de ces attaques, une blessure au moment où il visitait les retranchemens ; mais elle n'était pas dangereuse. Il fut seulement obligé de quitter son commandement pendant quinze jours.

Tandis qu'à Spanden les Russes vaincus laissaient plus de 1200 hommes sur le champ de bataille, ils étaient encore repoussés au pont de Lomitten qu'ils avaient simultanément attaqué. Un de leurs généraux périt dans cette affaire où se distingua le général Ferrey. Une troisième tentative avait lieu à Althkirken, Amt et Gustadt, mais elle n'obtenait pas plus de succès que les deux autres. Le brave maréchal Ney qu'ils attaquaient avec plus de 40,000 hommes, les chassait, malgré la disproportion du nombre, et tout vainqueur qu'il était, ne négligeait pas les soins de la prudence. Il se retirait sur Ackendorff.

Le 6 juin, un de nos corps était placé à Deppen sur la Passarge. Les Russes s'efforcèrent de l'en débusquer ; le maréchal Ney, qui s'y était porté, s'unit aux efforts du gé-

néral de division Marchand ; des charges successives obtinrent des résultats heureux , et
l'ennemi perdit, de son aveu , 2,000 hommes ;
3,000 blessés restèrent sur le champ de bataille.
Notre perte s'éleva à peine à 400 hommes,
tués, blessés ou pris. Le général Roger fut
blessé , le général Dutaillis perdit un bras.

Il ne se passa rien de remarquable le jour
suivant ; mais, le 9 , les Français livrèrent un
combat très - sanglant , avec l'arrière - garde
ennemie, qui formait 25,000 hommes. Nous
nous portions sur Gustadt ; à Glottau l'ennemi
veut nous disputer le passage. Murat, les brigades des généraux Pajol, Bruyères, Durosnel
et Nansouty font des efforts surnaturels , et
demeurent victorieux. A huit heures du soir ,
Gustadt est pris de vive force , toutes les positions en avant de cette ville sont occupées par
nos troupes ; l'ennemi , après avoir perdu un
millier d'hommes , se replie sur Heilsberg.

Le 10, nouveaux succès. L'ennemi fut chassé
de ses positions. Les divisions Savary et Saint-
Hilaire firent des prodiges. Le 11 , Bonaparte
disposa toute son armée. Celle des Russes était
réunie toute entière à Heilsberg. Elle occupait une position qu'elle fortifiait depuis quatre
mois , et qui , de sa nature , était très-redou-

table. Une manœuvre que nous exécutâmes avec précision, nous porta sur la Basse-Alle, et intercepta entièrement le chemin d'Eylau. Tous nos corps étaient réunis, à l'exception du premier qui occupait la Basse-Passarge. Ainsi les Russes étaient bloqués de toutes parts.

Murat passa sur la ligne de la 3.ᵉ division de cuirassiers, au moment où le 6.ᵉ régiment venait de faire une charge. Le colonel d'Avenay, commandant ce régiment, se présenta à lui le sabre dégouttant de sang : « Prince, lui dit-il, « faites la revue de mon régiment; vous verrez « qu'il n'est aucun soldat dont le sabre ne soit « comme le mien. »

Dans les différentes affaires du 5 jusqu'au 9, le général Espagne, les aides-de-camp Ségur et Lamette, le colonel Lagrange furent blessés. Le général Roussel, brave officier, reçut une mort glorieuse.

Le 11, on s'attendait, à chaque instant, à une attaque générale. On fut trompé. L'ennemi, quoique entouré d'une formidable artillerie, ne se crut point assez défendu, ou l'attitude de notre armée lui inspira des craintes; il passa l'Alle, abandonnant ses positions, et même ses blessés.

Tous ces combats, bien qu'importans, ne

sont que le prélude de plus grands événemens. La victoire approche qui doit décider du sort de la campagne, et bientôt l'ennemi humilié sera contraint de solliciter la paix. Cette paix si désirée a été éloignée depuis long-temps par les ambitions rivales : la querelle des rois a de nouveau fait couler le sang plébéien, le plus précieux à l'œil du philosophe, parce qu'il est la source et la force des états. Si la Russie eût écouté les propositions de paix qui lui ont été faites, il y a quelques semaines ; si le chef de l'armée française eût montré le désir de l'accorder, combien de familles n'eussent point eu de larmes à répandre? Inutiles regrets ! déjà retentit le bronze précurseur des combats : une nouvelle lutte va s'engager à la suite de tant d'autres ; mais du moins, si elle coûte la vie à des Français, la gloire de leur mort adoucira leurs derniers momens, leur cendre ne sera point sans honneur, et d'immortels trophées embelliront leur tombeau !

Le 12 avril, les Français entrèrent à Heilsberg : une partie de l'armée suivit l'ennemi sur la rive droite de l'Alle ; d'autres corps se dirigèrent sur différens points, dans l'intention de lui couper la retraite par Kœnisberg.

Le même jour, le quartier-général fut porté à Eylau. Ce n'était plus, disent les relations du temps, ces plaines couvertes de glaces et de neiges : c'était le plus beau pays de la nature, coupé de belles forêts, de lacs limpides, et peuplé de jolis villages.

Le 13, Murat se porta sur Kœnisberg. Il fut soutenu par Davoust. Soult marcha vers Creutzbourg, Lannes vers Douman, Ney et Mortier occupèrent Lampsach. Le général Latour-Maubourg écrivit qu'il avait poursuivi l'arrière-garde ennemie, que les Russes abandonnaient presque tous leurs blessés, qu'ils avaient évacué Bartenstein, et se retiraient sur Schipenbeil, par la rive droite de l'Alle. Bonaparte partit aussitôt pour Friedland, avec les maréchaux Lannes, Ney, Mortier, la garde et le premier corps du général Victor. Il recommanda à Soult et à Davoust de manœuvrer sur Kœnisberg.

Le même jour, 3,000 hommes de cavalerie russe chassèrent de Friedland le 9.e de chasseurs qui cherchait à entrer dans cette place. Le 14, l'ennemi déboucha par le pont de Friedland. Plusieurs coups de canon se firent entendre à cinq heures du matin : « C'est » un jour de bonheur, dit Bonaparte, c'est

» l'anniversaire de la bataille de Marengo. »

Les maréchaux Lannes et Mortier, soutenus par la division de dragons du général Grouchy, et par les cuirassiers du général Nansouty, s'engagèrent les premiers. Il se passa quelques actions, et l'ennemi, contenu par nos troupes, ne put dépasser le village de Posthenem ; il crut qu'il n'avait devant lui que 15,000 hommes, et continua son mouvement pour se porter sur Kœnisberg. Dans cette occasion, les dragons et les cuirassiers français et saxons firent de brillantes charges, et prirent 4 pièces de canon à l'ennemi.

A cinq heures du soir l'armée se trouva en bataille ; le maréchal Ney occupait la droite, Lannes occupait le centre, et le maréchal Mortier la gauche. Le corps du général Victor et la garde formaient la réserve. La gauche était soutenue par la cavalerie du général Grouchy. Derrière la droite les dragons Latour-Maubourg étaient en réserve, et derrière le centre les dragons Lahoussaye appuyaient le maréchal Ney.

L'ennemi déployait toute son armée. Sa gauche s'appuyait sur Friedland, et sa droite s'étendait l'espace d'une lieue et demie.

L'empereur prit la résolution d'enlever Friedland : il changea de front, sa droite se trouva en avant, et son extrémité commença l'attaque.

Il était cinq heures et demie : quelques salves d'artillerie servirent de signal. Au même instant où Ney se mettait en mouvement, la division Marchand avança l'arme au bras sur l'ennemi, et se dirigea sur le clocher de la ville. La division Bisson le soutenait à gauche. Les Russes, s'apercevant du départ du maréchal Ney, le débordèrent; mais la division Latour-Maubourg se forma tout-à-coup, prit le galop sur la droite, et repoussa la charge de l'ennemi. Le général Victor fait alors placer une batterie de 3o pièces de canon en avant de son centre. Le général Sennarmont, qui commandait cette batterie, se porte très en avant, et la mitraille dépeuple les rangs de l'ennemi. La diversion qu'ils voulaient opérer est donc inutile. Le maréchal Ney, avec cet admirable sang-froid que lui seul possédait à ce degré, dirige lui-même les plus petits détails, et donne l'exemple à son corps qui, même parmi les corps de la grande armée, a mérité comme son chef le surnom du brave des braves. Des colonnes d'infanterie qui attaquaient sa droite sont repoussées la baïonnette en avant, et précipitées dans l'Alle. Des milliers d'hommes se noient : quelques-uns seulement parviennent à s'échapper, malgré le poids de leurs armes. Cependant la gauche du maréchal Ney arrive au ravin qui entoure Friedland : la garde impériale russe y était en embuscade. Elle charge nos troupes, et les ébranle un moment ; mais la division Dupont survient, marche sur elle, et en fait un horrible carnage. Des réserves ennemies se joignent à la garde russe pour défendre la ville ; elles échouent : Friedland est pris de vive force, et les rues sont couvertes de morts.

Le centre commandé par Lannes se trouve alors engagé. L'effort que l'ennemi avait fait sur l'extrémité de notre droite n'ayant pas réussi, il veut en tenter un pareil contre le centre. Mais ce fut une peine inutile. Nos rangs, qui ne furent point entamés, reçurent ses charges avec intrépidité.

Le général Mortier, qui depuis le commencement de l'affaire avait maintenu la gauche, marche en avant ; il est soutenu par les fusiliers de la garde, qui se couvrent de gloire comme le reste de l'armée.

La garde impériale à pied et à cheval, et deux divisions de réserve n'ont point donné. La victoire n'a pas été un moment douteuse. On peut, sans exagérer, porter la perte de l'ennemi à 17,500 tués, 40,000 prisonniers, et des milliers de blessés. Pour nous, nous perdîmes environ 700 hommes; mais nos blessés surpassèrent 3000; 80 pièces de canon, et un grand nombre de caissons nous restèrent. Plusieurs drapeaux grossirent le nombre de ceux que nous avions pris pendant cette campagne.

L'ennemi, poursuivi jusqu'à onze heures du soir, rétrograda vers la frontière de la Russie.

Tel est le récit de la bataille de Friedland, plus décisive, moins meurtrière, à proportion, que celle d'Eylau, et digne de figurer auprès de Marengo, d'Austerlitz et d'Jéna. Kœnisberg fut aussitôt occupé : d'immenses richesses de toute nature devinrent la proie de l'armée française. Citons actuellement le nom des principaux militaires qui se sont illustrés dans cette mémorable journée.

Les généraux Drouet, Latour - Maubourg et Cohorn furent blessés; les colonels Tanquière, Lamotte, le général de brigade Brun le furent également. Le colonel Desfourneaux et le chef d'escadron Hutin perdirent la vie. Les aides-de-camp Mouton et Lacoste reçurent de légères blessures.

Les fils des sénateurs Pérignon, Clément de Ris, et Garan de Coulon périrent avec honneur. Les colonels Colbert, Lery, les officiers Bongars, Montesquiou, Labriffe, méritèrent les plus grands éloges pour leur conduite. Il en fut de même du colonel Bordesoult et des aides-de-camp Guéheneuc, Louis de Périgord et Pivé. Les généraux Reille, Bertrand, Dupas, rendirent les plus importans services.

Soult, qui était en avant de Kœnisberg, remporta aussi des succès brillans. Parvenus dans cette ville, nous passâmes la Prégel.

On cite un fait remarquable. Un tambour, chargé par un cosaque, et renversé à terre, se releva au moment où l'autre s'apprêtait à le percer, le saisit lui-même, le désarma, et se mit à sa poursuite.

Les prises que nous fîmes les jours qui suivirent la bataille de Friedland, augmentèrent de beaucoup le nombre de nos prisonniers.

Quelques jours après cette victoire, l'Empereur s'établit à Tilsitt. Les hostilités furent tout-à-coup suspendues ; on parla d'armistice : le commandant de l'armée russe en proposa la conclusion. Elle fut momentanément adoptée jusqu'à la ratification de l'empereur de Russie. Sur ces entrefaites, la reddition de la place de

Neiss fut envoyée au quartier-général. Elle était datée du 16 juin. On trouva dans cette place 300 milliers de poudre, et 500 bouches à feu. — Glatz capitula vers le même temps.

Le 23, Duroc se rendit au quartier général des Russes pour échanger les ratifications de l'armistice avec l'empereur de Russie. Diverses conférences suivirent à Tilsitt, et le 9 juillet la paix fut signée.

Le 13 juillet, Bonaparte passa la revue de son armée. Arrivé au 16.e d'infanterie légère, on lui présenta le capitaine de grenadiers Roussel. Ce brave militaire, fait prisonnier à Hoff, était tombé entre les mains des Prussiens. Il entendit un jour un officier qui se livrait à toute espèce d'invectives contre son chef. Quelque temps il eut la force de se contenir, mais enfin il se leva courageusement et leur dit : « Il n'y a que des lâches qui puissent tenir « de pareils propos devant un soldat français; « si je suis contraint d'entendre de pareilles « infamies, je suis à votre discrétion, donnez- « moi la mort. » Plusieurs officiers prussiens, irrités de cette audace, allaient se porter à des voies de fait, et Roussel, seul contre huit adversaires, eût été en danger de perdre la vie, si un officier russe n'était survenu, et ne se fût

jeté devant lui, le sabre à la main. « C'est notre
» prisonnier, dit-il, et non le vôtre. Il a rai-
» son, et vous outragez lâchement le premier
» capitaine de l'Europe ; avant de frapper ce
» brave homme, il vous faudra passer sur mon
» corps. »

Le 27 juillet, l'Empereur arriva à Paris : des
salves d'artillerie annoncèrent que ce prince
vainqueur venait de rentrer dans sa capitale
après une année d'absence ; mais les amis de la
liberté prévirent que l'orgueil de tant de victoires nouvelles, en exaltant Napoléon, ren-
drait son pouvoir de plus en plus pesant, et que
ses triomphes seraient des degrés nouveaux à
l'asservissement complet de la nation française.

CHAPITRE VIII.

SECONDE CAMPAGNE DE L'AUTRICHE.

Causés de cette guerre. — Lettre du prince Charles. — Premières hostilités. — Combat d'Abensberg. — Un de nos régimens cerné. — Combat d'Eckmülh. — Prise de Ratisbonne. — Combat d'Eberberg. — Combat de Rattemberg. — Vienne est bombardé. — Entrée des Français dans cette ville.

« Si la bonne foi et la vérité étaient bannies de la terre, disait le roi Jean, elles devraient se retrouver dans la bouche des rois. »

L'histoire des règnes passés et celle de ces derniers temps prouvent également que cette maxime fut presque toujours spéculative, et que, si quelques bons rois en ont fait usage, la plupart des monarques la foulèrent chaque jour aux pieds.

Quand on examine avec un œil impartial la conduite des gouvernemens en général,

on est quelquefois tenté de croire que cette
bonne foi et cette vérité sont pour long-temps
exilées d'entre les hommes, et que l'alliance
de la morale et de la politique n'est qu'un
songe séduisant inventé pour asservir le grand
nombre au plus petit.

Si jamais la politique a été un art d'astuce et
de mensonge, ce fut certainement dans les
négociations qui précédèrent, en 1809, la
rupture de l'Autriche et de la France. Poussé
par un esprit de domination, par son besoin
inquiet de mouvement et d'activité, Napoléon avait, après le traité de Tilsitt, médité
et mis à exécution le projet d'envahir l'Espagne. Cette guerre nouvelle qu'il allumait
sans motif, avait excité la juste indignation du continent ; mais elle n'était pas un
motif suffisant pour que des puissances non
intéressées dans cette conquête lui déclarassent
la guerre. L'Autriche qui, depuis le traité de
Presbourg, avait gardé un silence que nos
victoires en Prusse et en Pologne ne lui permettaient pas de rompre, ressentait toujours
une humiliation secrète, et entretenait tout
bas le désir de se venger d'Ulm et d'Austerlitz. Quand elle vit la France occupée à
dompter un peuple armé pour son indépen-

dance, le moment d'opérer une diversion lui parut favorable. Elle crut d'ailleurs pouvoir donner à son attaque une couleur patriotique, et compta sur l'aide des peuples de la confédération, dans le cas d'un succès. Elle se déclara l'instrument de la liberté des peuples, et promit à l'Espagne de soutenir sa cause.

Dès les premiers mois de 1808 les Français reçurent en Autriche des outrages, dont le gouvernement demanda en vain la réparation. On entrava la marche de nos troupes cantonnées dans les Etats allemands, sous l'autorité de l'Autriche. Deux de nos courriers furent assassinés en Moravie. L'Autriche prépara des armemens, leva la landwer, répara ses places fortes, fortifia celles qui touchaient aux frontières, chercha à *révolutionner* le Tyrol, prit une attitude menaçante. M. de Metternich, interrogé par M. de Champagny, ministre des relations extérieures, répondit que son gouvernement ne songeait qu'à se mettre en défense, tant pour sa sûreté que pour se garantir du côté de la Servie des attaques des Turcs, avec lesquels il était en guerre. Ces explications évasives ne satisfirent point le gouvernement français. Le lieutenant général Andréossy, ambassadeur de France, écrivit de

Vienne que la faction anglaise reprenait le dessus, que tout semblait annoncer une guerre prochaine. Nouveaux éclaircissemens demandés à M. de Metternich, nouvelles réponses évasives. Enfin, comme on l'a vu trop souvent dans l'histoire diplomatique ; on se fit de mutuelles politesses, on écarta toute idée offensive, et l'on se prépara à s'égorger.

Dans les derniers jours de mars 1809, toute l'Autriche fut en mouvement ; Vienne parut hérissée de baïonnettes ; cette capitale prit l'aspect d'un camp : on y voyait passer à tout moment des régimens qui venaient de Hongrie et des frontières ; quelques-uns y séjournaient pour assister à des revues ; la grande route était couverte de landwehrs, d'artillerie, de caissons, de pontons et de bagages de toute espèce ; les princes sortaient armés de leur palais. L'archiduc Charles, suivi du général Grüune et de ses aides-de-camp, le comte de Collorédo et M. de Lucotte, se rendit à l'armée dont il allait être le chef. Les archiducs Jean, Louis et Maximilien, le général Hiller et le prince Hohenzollern se dirigèrent chacun vers la colonne dont ils devaient régler les opérations. Les forces autrichiennes se trouvaient alors divisées en cinq corps d'armée.

Le premier de ces corps, commandé par l'archiduc Jean, se rassembla entre Salztbourg et Berchtolsgaden. Le général Normann en conduisait l'avant-garde ; les felds-maréchaux Kienmayer et Vincent servaient au prince de lieutenans : ce général Vincent était le même qui, l'automne précédent, avait assisté, comme diplomate, à l'entrevue de Napoléon et d'Alexandre à Erfurt. La principauté de Salzbourg, que les troupes autrichiennes venaient d'évacuer, fut tout à-coup remplie de fortes colonnes d'infanterie et d'un grand nombre de cavaliers.

Le second prit sa route entre Ens et Lintz, traînant à sa suite un grand nombre de pontons. I e prince Hohenzollern, qui dirigeait sa marche, se porta sur Schärding.

Dans le même moment, le troisième corps passa à Lintz, avec les régimens Collorédo, Schræeder, Lindenau, et les hussards de Ferdinand.

Enfin le troisième corps de l'armée autrichienne, fort de 120 canons, arriva, le 2 avril, à Wels, où l'archiduc Louis, qui y était entré la veille avec le 3.e corps, venait d'établir son quartier-général.

On évaluait, dans les journaux du temps,

à 150,000 hommes environ les troupes autrichiennes qui se réunirent entre Lintz, Braunau et Salzbourg. De nombreux magasins furent établis sur la route de l'armée ; Wels et Ried renfermaient, en grande quantité, des vivres, des habillemens et des munitions. Cette mesure sage et politique était le fruit de l'expérience. Les Autrichiens s'étaient souvent repentis, en 1805, des vexations qu'ils faisaient endurer aux habitans de ces cantons pour en tirer les objets nécessaires à leurs premiers besoins. Le cabinet de Vienne avait réfléchi aux inconvéniens du papier-monnaie, avec lequel on avait payé les soldats dans la précédente guerre ; et, dès l'entrée en campagne, toutes les troupes furent payées en argent. Deux avantages devaient nécessairement en résulter : le soldat devait être plus content, et l'habitant du pays qu'il traversait plus disposé à le recevoir.

L'archiduc Charles avait porté à Lintz son quartier-général. Le premier ordre qu'il envoya à l'armée fut de passer l'Inn. Un pont de bateaux fut aussitôt établi entre Braunau et Scharding. Dans le même moment on reçut de l'Autriche la déclaration de guerre. M. de Vratislau, aide-de-camp du prince, se présenta à Munich, avec une lettre adressée au général en chef de l'armée française. Comme on lui répondit qu'il n'y avait point à l'armée de général en chef, il remit ses dépêches sur *récépissé*, à l'ambassadeur français. Cette lettre, écrite par l'archiduc Charles au général qu'il supposait commander l'armée, était à peu près conçue en ces termes :

« Monsieur,

» D'après une déclaration de S. M. l'empereur d'Autriche, je vous préviens que j'ai l'ordre de me porter en avant avec les troupes que je commande, et de traiter en ennemies toutes celles qui me feraient résistance.

» A mon quartier-général, le 6 avril.

» *Signé* CHARLES, général. »

Aussitôt l'armée autrichienne exécuta de nouveaux mouvemens, tous tendant à se porter sur nos avant-postes. Le général autrichien Normann arriva avec sa brigade à Markl, son avant-garde était à Perach. Le général Hiller entra à Hamham ; Burghausen fut aussi occupé.

Des voltigeurs ennemis vinrent sous le ca

de *Qui vive?* mais aucun coup de fusil ne fut tiré par nos sentinelles.

Le 15 avril, l'Empereur, qui avait quitté Paris le 13, arriva à Strasbourg. Dans les premiers jours qui suivirent, il reçut des proclamations publiées dans le Wurtemberg, en Saxe, en Pologne, et qui l'assuraient de l'alliance des peuples de la Confédération. Le roi de Wurtemberg réclamait une dette de vingt-cinq millions retenue par l'Autriche, appelait ses sujets à la guerre, et envoyait l'ordre à son ambassadeur de quitter Vienne. Frédéric-Auguste, roi de Saxe, reprochait à la cour de Vienne d'avoir rompu la première les articles du dernier traité, en répandant des proclamations, des troupes dans le duché de Varsovie; il en appelait à l'amour de son peuple, et ordonnait à ses soldats de se réunir sous les drapeaux du protecteur de la Confédération. Les Polonais, toujours attachés aux destins de la France, qui seule pouvait leur rendre une patrie, prenaient aussi l s armes; et leur proclamation portait l'empreinte de leur caractère noble et de leur âme brûlante.

L'Autriche cherchait, de son côté, à réunir quelques alliés. Des proclamations étaient répandues dans le Tyrol; mais ces peuples, affaiblis par les malheurs de la guerre précédente, balançaient à répondre à l'appel.

Les corps de troupes envoyés par les peuples alliés, se réunirent bientôt à l'armée française. Voici comme on répartit les forces, et quels points furent alors occupés.

Le corps du duc d'Auërstaedt s'établit à Ratisbonne; celui du duc de Rivoli à Ulm; le général Oudinot à Augsbourg. Les troupes fournies par la Bavière, et commandées par le duc de Dantzick, furent divisées en trois corps, sous les ordres du prince royal et des généraux Deroy et de Wrède. Le premier de ces corps occupa Munich; le second Landshut, le dernier Straubing.

La division wurtembergeoise se posta à Heydenheim. Les Polonais, commandés par le prince Poniatowsky, se placèrent sous Varsovie, et les Saxons campèrent sous les murs de Dresde.

Le quartier-général français fut établi à Strasbourg. Telle fut la position que les deux armées gardèrent jusqu'au 10 avril, jour où commencèrent les opérations de la campagne.

Les troupes autrichiennes se portèrent d'abord sur Passaw; un bataillon bavarois s'enferma aussitôt dans cette place. Elles investirent en même temps Kufftein, où se réfugia aussi un second bataillon bavarois. Tous ces mouvemens se firent sans aucun engagement. De notre côté, la division bavaroise, restée à Straubing, se porta sur Neustadt, commandée par le général Wrède. Le duc de Rivoli partit d'Ulm, et se dirigea sur Augsbourg.

Du 10 au 16, l'armée ennemie s'avança sur l'Inn, sur l'Iser; des partis de cavalerie se rencontrèrent, et les hostilités commencèrent. Les cavaliers bavarois obtinrent l'avantage. Le 16, à Pfaffenhoffen, les 2.e et 3.e régimens de chevau-légers bavarois renversèrent les hussards de Stipschitz et les dragons de Rosenberg. Au même moment, la division du général Deroy s'opposa à une colonne ennemie qui venait de déboucher par Landshut; mais, menacée par d'autres colonnes qui avaient passé l'hiver à Moobourg et à Freysing, elle se replia sur le corps du général de Wrède. Par suite de ces mouvemens, l'armée avait son centre à Neudstadt.

Bonaparte arriva le 17 au matin à Donawerth, après avoir passé quelques heures à Dillingen, où s'était réfugié, avec sa famille, le roi de Bavière. Le 18, il fit transporter le quartier-général de Donawerth à Ingolstadt. Le lendemain, à la pointe du jour, arriva à Pfaffenhoffen le général Oudinot, qui venait de quitter Augsbourg : il conduisait après lui 300 autrichiens qu'il avait faits prisonniers dans sa marche. Les ducs de Rivoli et d'Auërstaedt se rapprochèrent en même temps d'Ingolstadt ; et l'ennemi, qui avait débouché de Landshut, et qui marchait sur Ratisbonne, fut bientôt attaqué.

Le duc d'Auërstaedt s'avança sur deux colonnes, ayant à sa gauche les divisions Saint-Hilaire et Friant ; à sa droite, les divisions Gudin et Morand. La division Saint-Hilaire en vint la première aux mains. Elle rencontra, dans le village de Pailling, une colonne ennemie, bien supérieure en nombre. Plus forte en courage, elle ne craignit point de l'attaquer : un succès complet couronna son audace ; et le premier combat, qui fut d'un favorable augure, tourna à la gloire de nos armes. La division du général Friant vint partager, comme auxiliaire, ces premiers lauriers. L'ennemi, renversé de toutes ses positions, laissa 700 prisonniers et un plus grand nombre de morts.

Le 27.ᵉ fit beaucoup dans cette journée pour

sa réputation ; le 57.e soutint celle qu'il s'était depuis long-temps acquise. Ce brave régiment, surnommé en Italie *le Terrible*, justifia, par ses hauts faits, de son nom effrayant : il attaqua seul , et mit en pleine déroute six régimens autrichiens.

A deux heures après midi, le général Morand rencontra aussi une division autrichienne, et l'attaqua en tête. Au même instant le duc de Dantzick , parti d'Abensberg , vint la surprendre en queue. On ne pourrait peindre la frayeur des soldats ennemis quand ils se virent ainsi entre deux feux ; ils abandonnèrent à la hâte toutes leurs positions , en laissant une partie des leurs entre nos mains.

_ Dans ces affaires, le régiment entier des dragons de Levenher fut taillé en pièces par les chevau-légers bavarois ; son colonel fut tué ; le prince de Lichtenstein , le général Lusignan , et un grand nombre d'autres officiers autrichiens furent blessés ; beaucoup aussi furent tués.

Notre perte, beaucoup moins considérable , ne nous laissa regretter aucun officier de marque.

L'Empereur jugea qu'après ce premier succès il ne fallait point donner à l'ennemi le temps de se reconnaître, mais l'effrayer encore par une nouvelle entreprise plus importante et non moins hardie. Il résolut donc d'attaquer le corps d'armée où commandait l'archiduc Louis, fort, par la jonction du général Hiller, de 60,000 hommes, et de ne cesser de le poursuivre qu'après son entière destruction. Le 20, pour ordonner les manœuvres nécessaires à l'accomplissement de ces projets, il se porta sur Abensberg. Le duc d'Auërstaedt fut chargé de maintenir en respect le corps de Lichtenstein, de Hohenzollern et de Rosenberg. Le duc de Rivoli reçut ordre de couper les communications de l'ennemi, en passant par Freysing sur ses derrières. Ces deux généraux étaient à peine en mouvement pour remplir les intentions de leur chef, que Bonaparte rassembla autour de lui les officiers de Bavière et de Wurtemberg : il profita de cette éloquence militaire qu'il possède naturellement, les harangua, et se servit de ces images fortes et hardies avec lesquelles il avait agi tant de fois sur l'esprit de ses soldats. Le prince royal de Bavière traduisait en allemand chaque phrase du discours : les capitaines représentaient à leurs troupes les grandes espérances dont on venait de les flatter.

Ces moyens produisirent l'effet accoutumé : les soldats enorgueillis de la déférence qu'on leur marquait, n'épargnèrent point leur sang. Napoléon donna alors le signal du combat ; et, pour soutenir par sa présence les bonnes dispositions de ses alliés, il se mit à leur tête. Le duc de Montebello manœuvra, sur sa gauche, avec les divisions Morand et Gudin.

Le général de Wrède, officier bavarois d'une bravoure sans égale, commença l'affaire, en attaquant, devant le pont de Siegenbourg, une division autrichienne qui lui était opposée; il l'a chargea avec intrépidité, tandis que le général Vandamme, à la tête d'un corps wurtembergeois, la déborda sur son flanc droit. Elle fut bientôt déconcertée dans toutes ses manœuvres, et forcée de battre en retraite. Dans le même moment, le duc de Dantzick poursuivait les Autrichiens sur le village de Reuhausen, et se portait sur la grande route d'Abensberg à Landshut, avec les divisions du prince royal et du général Deroy. Le duc de Montebello, avec ses deux divisions françaises, renversait l'ennemi de son côté, et se dirigeait sur Rohr et Rothembourg. Le feu fut soutenu des deux côtés avec intrépidité ; des deux côtés la canonnade fut meurtrière ; mais, après une heure de résistance , l'ennemi se replia tout-à-coup, et sonna la retraite. Nous demeurâmes maîtres du champ, de bataille ; 8 drapeaux, 12 pièces de canon , 18,000 hommes restèrent en notre pouvoir.

Le combat d'Abensberg avait mis à découvert le flanc de l'armée autrichienne et les magasins de l'ennemi : Bonaparte ne voulut perdre aucun de ses avantages ; de suite il se mit en marche pour Landshut : des escadrons de cavalerie ennemie vinrent pour nous recevoir dans la plaine qui est en avant de cette ville ; ils furent tous culbutés par le duc d'Istrie. Le pont auquel les assiégés mirent alors le feu n'en servit pas moins de passage aux braves grenadiers du 17.e régiment, qui formaient alors la tête de la colonne. Conduits par le général Mouton , ils se lancèrent entre les parapets embrasés, et notre infanterie pénétra dans la ville. L'ennemi, contraint de céder sa position , tomba sous le feu du duc de Rivoli , qui déborda par la rive droite.

Nous trouvâmes dans Landshut, qui resta au pouvoir de nos troupes , 3o pièces de canon , 8000 prisonniers, 600 caissons tout attelés, 3000 voitures chargées de bagages, et trois superbes équipages de pont. A peine étions-nous maîtres de Landshut, que nous vîmes arriver des aides-de-camp de l'archiduc Charles, et des convois de malades : ces nouveaux prisonniers ne pouvaient revenir de leur surprise, ils ne concevaient pas comment nous nous étions rendus maîtres, en si peu de temps, d'une position qui était si fortement défendue.

Tandis que, vainqueurs à Landshut, nous ajoutions de nouveaux lauriers aux lauriers d'Abensberg, notre sang coulait à Ratisbonne sous le fer autrichien. L'archiduc Charles, réuni avec le corps de Bohême, commandé par le général Kollowrath, venait de cerner 1000 hommes du 65.e. Ces braves soldats, n'ayant pas reçu l'ordre de se replier, firent une vigoureuse résistance, et ne posèrent bas les armes qu'après avoir perdu un grand nombre d'entre eux, et employé jusqu'à la dernière cartouche. Cette nouvelle vint troubler la joie causée par nos dernières victoires. Bonaparte jura que, dans les 24 heures, cet affront fait aux Français serait vengé. Le lendemain, au point du jour, laissant les ducs d'Auerstaëdt et de Dantzick, tenant en échec les divisions de Lichtenstein, de Hohenzollern et de Rosenberg, Bonaparte quitta Landshut avec les deux divi-

sions du duc de Montebello , le corps du duc
de Rivoli , les divisions de cuirassiers Nansou
ty et Saint-Sulpice , et les troupes würtem-
bergeoises : à deux heures après midi il arriva
vis-à-vis Eckmühl, ou quatre corps de l'armée autrichienne , formant 110,000 hommes ,
étaient en position , sous les ordres de l'archiduc Charles. Le duc de Montebello déborda
l'ennemi par la gauche avec le corps du général
Gudin; au même moment les ducs de Dantzick
et d'Auerstaëdt quittèrent leur poste et débouchèrent avec la cavalerie légère du général
Montbrun. Le combat qui s'engagea fut tel
qu'on peut le ranger parmi les plus hauts faits
militaires. Pour la première fois peut-être ,
une armée de 110,000 hommes fut chassée successivement de toutes ses positions, attaquée
en même temps sur tous les points. Le 10.ᵉ d'infanterie légère, de la division Saint-Hilaire,
déboucha sur l'ennemi avec une impétuosité
qui le força à lâcher pied : chassés du bois qui
couvre Ratisbonne, les Autrichiens se jetèrent
dans la plaine, où notre cavalerie les coupa
et les mit en pleine déroute. En vain la cavalerie ennemie chercha-t-elle à protéger la retraite de son infanterie : elle fut elle-même
culbutée : les hussards et les cuirassiers furent

démontés par les divisions Saint-Sulpice et
Nansouty, qui les abordèrent à-la-fois par
deux côtés différens. La division Saint-Sulpice
chargea un autre carré dans lequel se trouvait
l'archiduc Charles : il fut enfoncé. On a pré-
tendu que, dans cette circonstance, le prince
ne dut son salut qu'à la vitesse de son cheval.
La nuit, empêchant les soldats de se reconnaître, mit fin à notre triomphe, et protégea
l'ennemi. Nos cuirassiers cependant continuèrent leur marche sur Ratisbonne, et la division Nansouty se mit à la poursuite de trois
bataillons hongrois, et ne s'arrêta qu'après
les avoir faits prisonniers : l'armée ennemie,
poussée l'épée dans les reins, continua de défiler toute la nuit par pelotons et dans le plus
horrible désordre.

Dans cette affaire, où donnèrent la moitié
environ des troupes françaises, les cuirassiers
soutinrent leur ancienne renommée par des
hauts faits nouveaux. Le général de division
Demont eut dans la charge un cheval tué
sous lui. Tous les blessés qui se trouvaient à
Eckmühl tombèrent entre nos mains; nous
prîmes à l'armée autrichienne une grande
partie de son artillerie, 20,000 prisonniers, et
nous lui enlevâmes 15 drapeaux.

Le 23 avril, à la pointe du jour, on s'avança sur Ratisbonne. La ville était couverte par la cavalerie ennemie : notre avant-garde, formée par la division Gudin et les cuirassiers des divisions Nansouty et Saint-Sulpice eut à peine découvert les escadrons autrichiens, qu'elle les chargea avec vigueur : trois charges successives furent à notre avantage, et 8000 hommes de cavalerie ennemie s'enfuirent blessés de l'autre côté du Danube. Nos tirailleurs se répandirent autour de la ville, qui n'avait pour fortifications qu'une faible enceinte, un fossé peu profond, et une mauvaise contrescarpe : notre artillerie arriva, et l'on mit des pièces de 12 en batterie : le duc de Montebello découvrit alors une brèche à la muraille par laquelle on pouvait pénétrer dans la ville, après avoir franchi le fossé, au moyen des échelles. Un bataillon passa par cette ouverture, gagna une poterne, l'ouvrit, et se jeta dans la ville, où nous fûmes bientôt en force. Six régimens qui s'y étaient enfermés furent sacrifiés : tout ce qui fit résistance fut sabré. Le nombre des prisonniers approcha de 9000 hommes. L'ennemi n'eut pas le temps de couper le pont, et nos troupes passèrent pêle-mêle avec lui sur la rive gauche. Quoique le siége ne pût être moins long, Ratisbonne eut beaucoup à souffrir. Le feu dura une grande partie de la nuit, et ce ne fut qu'aux soins du général Morand et de sa division que les habitans durent la conservation de leurs biens que l'incendie allait dévorer.

Dans ces différens combats qui ont ouvert la campagne d'une manière si brillante, notre perte ne fut rien en comparaison de celle de l'ennemi. Peut-être cependant fut-elle plus considérable que ne la firent les journaux à cette époque. Quelques officiers du premier mérite payèrent de leur vie nos succès. Le général de division Cervoni, chef de l'état-major du duc de Montebello, fut emporté par un boulet sur le champ de bataille d'Eckmühl. Le général Hervo, chef de l'état-major du duc d'Auerstaëdt, fut également tué à Peissing; le colonel du 14.e de hussards périt dans une charge; le général Schramm fut blessé, et le général de brigade Clément perdit un bras.

A la bataille d'Eckmühl, le duc de Rivoli, dont le corps n'avait pu encore rejoindre, resta constamment auprès de Bonaparte, porta des ordres, et fit exécuter plusieurs manœuvres.

A l'assaut de Ratisbonne, les aides-de-camp

du duc de Montebello portèrent eux-mêmes les échelles dans l'endroit où nos troupes franchirent le fossé.

Dans ces différentes affaires, le prince de Neufchâtel, pour inspirer du courage aux soldats et de la confiance à nos alliés, marcha plusieurs fois à l'avant-garde, à la tête des régimens bavarois. Le duc de Rovigo, avec un dévouement et une intrépidité rares, traversa plusieurs fois les colonnes ennemies pour porter des ordres du quartier - général aux différens corps. Le duc d'Auerstaëdt donna aussi des preuves éclatantes de valeur et de fermeté. Enfin, la moitié environ des troupes françaises qui fut engagée dans ces combats, donna à l'autre de nombreux et immortels exemples.

Les deux corps d'armée battus aux affaires d'Abensberg et d'Eckmühl, furent poursuivis par la division bavaroise, aux ordres du général de Wiède, et par la division Molitor. Le duc d'Istrie, qui dirigea ce mouvement, ne laissa aucun repos aux Autrichiens ; il les pressa de très-près, et leur enleva, tant à Wilsbiburg qu'à Neumarck, 1800 hommes, des équipages, des caissons et plus de 400 voitures. Au-dessus de Neumarck il découvrit un corps de réserve autrichien , sur lequel se replièrent les divisions qu'il poursuivait. La lutte devenait inégale , il fit arrêter les Bavarois, et prit position. L'ennemi vint alors à la charge, mais il ne put faire céder le terrain à nos troupes , et se retira après nous avoir tué un nombre d'hommes assez considérable.

Le 24, le duc de Rivoli, qui s'était dirigé de Ratisbonne sur Staubing , et de là sur Passau, fit passer l'Inn au 1.er bataillon du 10.e. Ce bataillon commença l'attaque du fort de Scharding, qui se rendit bientôt à notre discrétion. Nous fîmes dans Scharding 300 prisonniers. Pendant ce temps, le duc d'Auerstaëdt , resté du côté de Ratisbonne , harcelait le prince Charles , coupait ses communications sur l'Inn, sur Vienne , et le forçait à se réfugier par Cham dans les montagnes de Bohême.

L'empereur d'Autriche se trouvait alors devant Passau , avec trois bataillons de la landwehr ; le chef de l'armée française , et le quartier-général étaient à Mulhdorf.

Les jours suivans , nos troupes approchèrent de Burghausen , et, dans leur marche, firent essuyer quelques pertes à l'ennemi : le général de Wrède , encore à la poursuite du corps qui fuyait par le Tyrol , le rencontra à

Lauffen, mais il ne put atteindre que son arrière-garde, et ne prit que ses bagages : la
colonne eut le temps de traverser le pont et
d'empêcher le passage des nôtres, en y mettant le feu. Le général de Wrède continua donc
sa marche sur Salzbourg, et trouva des avant-
postes ennemis à trois lieues de cette ville :
les Bavarois les forcèrent à se replier, et
entrèrent dans la place pêle-mêle avec eux.
Salzbourg renfermait des magasins considérables ; nous y puisâmes tout ce qui pouvait
être à l'usage de nos troupes.

Nous fîmes encore des prisonniers à Ditte-
maning. Un détachement de 5o chasseurs,
sous le commandement du chef d'escadron
Margaron, y rencontra un bataillon de la
landwehr, qui à son approché se jeta dans un
bois : le bataillon était fort de 1000 hommes ;
il mit bas les armes devant 5o de nos cavaliers.

Cependant le général Oudinot, en avant
de Ried, inquiétait l'ennemi dans sa marche,
le duc de Dantzick forçait une autre division
autrichienne dans la position de Colling, les
chevau-légers de Wurtemberg, trois compagnies de nos voltigeurs, et notre 4.e régi-

ment de ligne le battaient avec avantage sur la route de Neumarck.

Le 3 du mois de mai, une affaire plus générale s'engagea en avant d'Ebersberg. 35,000 autrichiens, formés par les corps de l'archiduc Louis, et du général Hiller, s'étaient portés en cet endroit pour éviter la division du duc de Montebello, qui menaçait de les tourner; ils y furent rencontrés par les ducs d'Istrie, de Rivoli, et le général Oudinot. Aussitôt les tirailleurs du 10.ᵉ poursuivirent l'ennemi sur le pont : ils culbutèrent dans l'eau les chariots, les canons, 8 à 900 hommes, et pénétrèrent dans la ville : 3000 hommes qui s'y étaient enfermés pour la défendre, furent faits prisonniers.

Le général Claparède, dont ces bataillons formaient l'avant-garde, déboucha bientôt après à Ebersberg, et se trouva en présence de 35,000 Autrichiens, débris des corps du prince Louis et du général Hiller. Ceux-ci soupçonnèrent que la division française devait être soutenue par quelques corps, et comme ils apprirent par leurs éclaireurs que les ducs d'Istrie et de Rivoli la suivaient avec des forces imposantes, ils sacrifièrent tout pour se soustraire à l'extrême danger qui les menaçait. La ville était construite en bois ; ils y mirent le feu. L'incendie ne tarda pas à s'étendre : le pont fut encombré. Il fut impossible aux corps qui survinrent de rejoindre la division Claparède, qui seule, n'ayant que quatre pièces de canon, lutta pendant trois heures contre 30,000 ennemis, et soutint à la baïonnette trois charges successives. Enfin, après un travail de trois heures, on parvint à détourner les flammes : le général Legrand se jeta dans le passage qui lui fut ouvert avec le 25.e d'infanterie légère et le 18.e de ligne. Il se dirigea de suite sur le château occupé par 800 Autrichiens, en fit enfoncer les portes par ses sapeurs ; et, voyant l'incendie en approcher, il se contenta de le cerner : tous ceux qui y étaient enfermés y trouvèrent la mort. Le château une fois détruit, il vola au secours de la division Claparède, soutenu par un millier de chevaux que le général Durosnel avait sous ses ordres. Bonaparte marchait aussi dans le même but à la tête des divisions Nansouty et Molitor ; l'ennemi battit en retraite, brûla le pont d'Enns, où il passa dans la nuit, et continua sa route sur Vienne : sa perte fut de 12,000 hommes environ, dont 7500 faits prisonniers.

Les officiers, dont le courage fixa particu-

lièrement l'attention de l'armée , furent le général de brigade Cohorn , qui eut un cheval
tué sous lui , et les colonels en second Carde-
neau et Lendy, qui furent tués. Les tirailleurs
corses et ceux du Pô continuèrent de se distin-
guer. Une compagnie du bataillon corse poursuivit l'ennemi dans les bois , et lui fit, à elle
seule , 700 prisonniers.

Pendant qu'on se battait à Ebersberg, le
prince de Ponte-Corvo désarmait la landwehr
à Egra , et établissait son quartier-général à
Retz , entre la Bohême et Ratisbonne.

Le maréchal duc de Montebello passait
l'Enns à Steyer , et chargeait un régiment de
hulans rencontré à Amstetten : le jeune Lauriston, sorti depuis six mois des pages , arrêta
le commandant de ces cavaliers, le terrassa
en combat singulier, et fut décoré de la croix
de la légion d'honneur.

Quinze jours à peine s'étaient écoulés depuis le commencement de la guerre , et nous
étions encore sur le point d'entrer à Vienne.
Nos troupes avaient successivement occupé
Lintz, Salzbourg, Sighartskirchen, Mautem ;
le duc de Dantzick marchait sur Inspruck pour
couper les détachemens autrichiens restés
dans le Tyrol ; d'autres corps poursuivaient

les colonnes du prince Louis et du général Hiller sur Crems, et les forçaient à passer le Danube; notre quartier-général était le 9 mai aux portes de la capitale sur les hauteurs de Saint-Hyppolite.

Nous pouvions dès-lors regarder la guerre comme terminée : l'Autriche n'avait point d'alliés ; elle ne pouvait, comme en 1805, opposer des troupes fraîches à nos troupes fatiguées. Cependant il se répandait un bruit alarmant, que la Prusse se déclarait contre la France, et que l'avant-garde de l'armée prussienne était déjà sous les murs de Wittemberg, à la frontière de la Saxe. On apprit bientôt que cette ville était en effet cernée par un corps sorti de Berlin ; mais on sut en même temps que ce corps était déclaré déserteur par le gouvernement, qu'un nommé Schill, qui avait obtenu le grade de colonel dans la guerre précédente, était seul l'auteur de ce mouvement ; que, sous prétexte de faire manœuvrer ses soldats devant les portes, il était allé au-delà des frontières, et que le roi de Prusse venait de le soumettre à toute la rigueur des lois militaires.

Avant cette déclaration du roi Guillaume, Schill avait été battu devant Magdebourg par le général Michaud , commandant de cette place.

Le 12 du mois de mai nous entrâmes à Vienne , et le même jour nos troupes , sous la conduite du duc de Dantzick , remportèrent une victoire signalée sur la route d'Egendorf , à Rattenberg : en vain l'ennemi fut-il protégé par sa position au milieu des rochers , par le secours que les paysans de tous les villages voisins lui apportèrent : il perdit 8 obusiers , 4 canons, un drapeau , 150 cavaliers, et fut chassé de toutes ses positions.

Vienne cette fois n'ouvrit pas ses portes ; et , comme si la conduite tenue par tous les peuples, dans les dernières guerres , ne prouvait pas qu'une capitale ne doit point exposer ses richesses aux hasards d'un siége ; elle arma avec des piques, avec toutes les armes de ses arsenaux, ses habitans, et se prépara à une défense désespérée. L'archiduc Maximilien, qui gouvernait alors cette capitale, avait exalté tous les esprits en jurant qu'il s'enterrerait sous les ruines de la ville plutôt que de l'abandonner à l'ennemi. Cependant, quand il apprit que les Français passaient à la nage le bras du Danube, et occupaient déjà le Prater , il sortit de son palais, laissa le commandement, et sans faire aucune disposition pour repousser l'attaque, sans donner aucun ordre, il prit la fuite.

Nos soldats entrèrent dans Vienne, après un bombardement qui ne renversa que dix maisons : cette ville renfermait 5oo pièces de canons sur leurs affûts, une grande quantité de boulets, de fusils et de fer coulé ; ces différentes munitions de guerre entrèrent dans nos magasins. Le chef de l'armée fit reposer ses soldats dans la capitale de l'Autriche : il leur adressa des remercîmens dans une proclamation ; toujours soigneux de rapprocher les époques pour en tirer quelque chose de merveilleux, il commença par cette phrase :

« Un mois après que l'ennemi passa l'Inn, au même jour, à la même heure, nous sommes entrés dans Vienne. »

CHAPITRE IX et dernier.

La capitale de l'Autriche avait ouvert encore une fois ses portes à l'armée française. Ses préparatifs d'une résistance désespérée n'avaient été qu'un vain appareil, sans autre résultat que d'épouvanter les habitans; et le gouvernement autrichien connaissait trop bien l'impossibilité d'une longue défense pour l'exposer aux horreurs d'un assaut. Mais, quoique la capitale fût occupée, il n'avait pas perdu l'espérance de ressaisir la victoire, et de faire retomber sur les Français le sang que lui avait coûté cette campagne. Il chercha à rendre la guerre nationale : des levées en masse furent ordonnées ; les citoyens paisibles, arrachés à leurs familles, se trouvèrent tout-à-coup en présence de soldats blanchis dans les camps. La défense de leurs propriétés les contraignit à tenter cette lutte nouvelle ; et leur désespoir devint une arme qui, plus d'une fois, mit l'armée française en danger.

Si cette campagne coûta beaucoup de sang à l'Autriche, elle ne fut pas moins funeste à la France. Aussi c'est à dater de cette époque que Bonaparte, par un système de mensonge que l'intention ne peut excuser, prit à tâche de diminuer nos pertes ; de présenter, comme des victoires éclatantes, des combats dont l'issue était demeurée indécise. Ses relations officielles qui, pendant les premières campagnes, avaient presque toujours été conformes à la vérité, parce que la vérité était alors trop glorieuse pour avoir besoin d'être couverte d'un voile, s'en écartèrent fréquemment lorsque nous éprouvâmes des revers : politique oppressive et astucieuse, peu digne d'un peuple assez grand pour voir la prospérité sans orgueil, et le malheur sans découragement !

Après l'occupation de Vienne ; la garde, les corps des maréchaux ducs de Rivoli et de Montebello, et les grenadiers du général Oudinot, restèrent dans la ville ; le duc d'Auerstaëdt, après un court séjour, s'établit entre Vienne et Saint-Polten ; le maréchal prince de Ponte-Corvo se porta à Lintz, avec les Saxons et les Wurtembergeois ; le maréchal duc de Dantzick occupa Inspruck et Salzbourg avec les troupes de Bavière.

Pendant les événemens qui avaient précédé notre entrée à Vienne, le prince Poniatowski se battait en Pologne contre le corps d'armée de l'archiduc Ferdinand. L'archiduc lui envoya, le 14 avril, une déclaration de guerre semblable à celle dont le prince Charles avait chargé M. de Wrastilau ; le même jour, il publia une proclamation aux habitans du duché de Warsovie ; le 19, les hostilités commencèrent.

Le premier combat eut lieu en avant de Fallenti : trois fois le prince Poniatowski fut repoussé ; et, s'il resta maître du champ de bataille, il trouva parmi les morts plus de Polonais que d'Autrichiens. Il craignit d'être attaqué pendant la nuit : la résistance de l'ennemi ne pouvait qu'accroître son inquiétude ; il se replia sur Warsovie. Le prince Ferdinand

l'y suivit ; et la ville fut cernée. Alors l'ennemi
ayant désiré qu'on reconnût la neutralité de
Warsovie, les Polonais profitèrent de cette
intention pour évacuer avec les honneurs de
la guerre. Ils sortirent avec armes et bagages,
ne laissant que les blessés qui ne pouvaient sup-
porter le transport. Ils conservèrent aussi leurs
positions sur la rive droite de la Vistule ; ils
restèrent à Sierock, à Modlin et à Praga. Ainsi
les premiers succès appartinrent aux Autrichiens, mais les Polonais prirent bientôt leur
revanche. Ils attaquèrent l'ennemi sur la rive
gauche, lui firent 700 prisonniers dans une
première affaire, et, le lendemain, lui prirent
2000 hommes, 3 pièces de canon et 2 drapeaux. L'archiduc Ferdinand essuya encore
quelques pertes les jours suivans; et les troupes
polonaises avaient repris l'avantage, quand les
nouvelles de nos succès en Bavière le forcèrent
à se replier sur Vienne, qui, même avant son
départ, avait déjà reçu nos troupes.

Dès le 15 mai nos troupes avaient repris
leur marche. Du 15 au 19 on travailla aux
ponts qui devaient nous porter au-delà du
Danube. Le passage de ce fleuve devant un
ennemi qui connaissait parfaitement les localités, et qui était protégé par les habitans,

est une des plus belles opérations militaires.
L'on résolut de passer vis-à-vis Ebersdorf. Le
Danube est divisé en cet endroit en trois bras;
mais deux îles rendaient le travail plus facile.
Un premier pont fut jeté de la rive droite sur
la première île. Un second pont fut construit,
presque aussitôt, de celle-ci sur la grande,
qu'on nomme *In-der-Lobau*. La division Molitor, portée dans des bateaux à rames, aborda
cette seconde île avant qu'elle fût réunie à la
rive gauche. Bonaparte, qui y était aussi
passé, fit terminer le travail sous ses yeux, et
le troisième pont fut établi en moins de trois
heures. Le colonel St.-Croix aborda le premier. Les divisions Molitor et Boudet, et la
cavalerie du général Lasalle passèrent pendant la nuit. Le 21, au point du jour, Bonaparte, accompagné du prince de Neufchâtel, des ducs de Rivoli et de Montebello,
alla reconnaître la position de l'ennemi sur la
rive gauche. Il disposa son champ de bataille
de manière que sa droite portait sur Essling,
sa gauche sur Gross-Aspernn : ces villages
étaient déjà occupés par deux de nos régimens. Ce même jour, à 4 heures de l'après-
midi, l'ennemi tenta de jeter dans le fleuve
les corps qui composaient notre avant-garde;

mais il fut repoussé avec une adresse surprenante. Le duc de Rivoli contre-manœuvra avec tant d'habileté, que les Autrichiens ne firent pas une attaque qui ne tournât à leur honte. Pendant que ces tentatives échouaient sur Gross-Aspernn, Essling était vivement attaqué, mais fortement défendu par le duc de Montebello. La plaine était protégée par le duc d'Istrie et la cavalerie du général Espagne. L'ennemi déploya 200 pièces de canon et près de 90,000 hommes.

Les cuirassiers du général Espagne firent plusieurs belles charges, et enfoncèrent plusieurs carrés; leur intrépide chef fut emporté par un boulet de canon, lorsqu'il combattait glorieusement à leur tête; le général de brigade Foulers eut le même sort.

Le général Nansouty, qui arriva le soir avec la seule brigade du général Saint-Germain, exécuta quelques charges qui mirent fin au combat; l'ennemi se retira, et nous laissa maîtres du champ de bataille.

Le lendemain l'attaque fut renouvelée. Notre armée était plus forte de deux brigades de cavalerie légère et des corps commandés par les généraux Oudinot et Saint-Hilaire, qui étaient passés pendant la nuit.

Le duc de Rivoli fut engagé le premier. Pendant long-temps il soutint le feu de l'ennemi sans lâcher pied ; mais bientôt, ayant reçu l'ordre d'aller en avant, il quitta la défensive, et mit en déroute tout ce qui s'opposa à son passage. Le général Legrand se distingua, surtout dans ce nouveau mouvement, par son courage tout à-la-fois intrépide et réfléchi. L'ennemi s'était étendu pour embrasser Essling et Gross-Aspernn ; Bonaparte, pour profiter de sa manœuvre, ordonna de l'attaquer au centre. Le duc de Montebello marcha aussitôt à la tête de la division Saint-Hilaire, ayant le général Oudinot à sa gauche, et le général Boudet à sa droite. Ces trois braves divisions, si bien connues des Autrichiens, n'eurent qu'à se montrer ; les rangs éclaircis. s'ouvrirent devant elles ; sur la droite, sur la gauche, tout fut culbuté. Notre cavalerie légère, sous les ordres du duc d'Istrie, exécuta de nombreuses charges avec un plein succès ; nos cuirassiers sabrèrent trois colonnes d'infanterie ennemie. Mais les élémens, qui plus d'une fois se déchaînèrent contre nous, arrêtèrent le cours de nos victoires. Un aide de-camp vint annoncer à Bonaparte que le Danube s'était enflé si prodigieusement, que les ponts

qui joignaient la petite île à la rive droite et à
l'île d'In-der-Lobau , avaient été enlevés : la
fonte des neiges, avancée par une chaleur
intempestive, avait accru les eaux à ce degré étonnant. Ainsi le corps tout entier du
duc d'Auerstaëdt, notre grosse artillerie,
nos parcs de réserve et toutes nos munitions
restaient sur la rive droite sans pouvoir rejoindre. Cet événement étrange décida le chef
de l'armée à arrêter le mouvement en avant.
Il ordonna de tenir les villages d'Esling, de
Gross-Aspernn, d'Enzersdorf ; il fit reconnaître
ce champ de bataille, et le fit garder par le
duc de Montebello.

L'ennemi battait de tous côtés en retraite.
Quand il vit le mouvement concentré de notre
armée , il en reconnut aussitôt la cause, et
revint à la charge. Ses deux cents pièces de
canon reparurent en ligne ; il chercha à acca-
bler de toutes ses forces l'armée française.
Nos soldats, qui ignoraient que toute retraite
leur était coupée, conservèrent ce courage
qui déjà une fois, sur cette même rive, leur
avait assuré la victoire. Le combat qui s'engagea alors fut plus sanglant que celui qui
venait de finir. Trois fois les villages furent
attaqués ; trois fois les Autrichiens en furent

chassés, après les avoir jonchés de leurs cadavres. Tous les grenadiers de l'armée autrichienne, troupes fraîches qui n'avaient point
encore donné, furent employés par les Autrichiens comme corps de réserve. Les fusiliers de la garde, conduits par le général
Mouton, les culbutèrent en un instant, et
se couvrirent de gloire. Sept cents Hongrois
furent passés au fil de l'épée dans le cimetière
d'Essling. Les tirailleurs, sous les ordres du
général Curial, firent leurs premières armes
dans cette journée; mais, enflammés par les
grands exemples qu'ils avaient sous les yeux,
ils se montrèrent dignes de leurs braves compagnons.

L'ennemi tira 40,000 coups de canon, et l'on
ne peut se dissimuler que notre perte ne fût
considérable; mais ne point succomber dans
une position pareille, c'est remporter la victoire. Jamais l'ennemi n'eût pu nous enfoncer.
Le général Dorsenne avait placé la vieille garde
en troisième ligne : c'était un mur d'airain.
Le soir, les Autrichiens reprirent les positions qu'ils avaient avant le combat. Restés
maîtres du champ de bataille, nous pûmes cal-
culer leur perte; elle fut immense : 23 de
leurs généraux, et 60 de leurs officiers supé-

rieurs furent tués ou blessés. Le feld-maréchal-
lieutenant Weber fut pris : 1500 hommes et
4 drapeaux restèrent aussi entre nos mains.

Ce fut dans cette journée que la France perdit le brave maréchal Lannes , duc de Montebello. Un boulet de canon lui enleva la cuisse.
Il fut de suite porté sur un brancard au quartier-général. Bonaparte le reçut les larmes
aux yeux : « Il ne fallait pas moins que ce
malheur, s'écria-t-il , pour m'arracher aujourd'hui aux soins de mon armée. » Il se
livra à toute l'effusion de l'amitié qu'il portait
au maréchal , et ce fut dans ses bras que celui-
ci revint de son évanouissement. Le premier
mouvement du blessé fut de se jeter au cou de
son chef : « Dans une heure, lui dit-il , d'une
« voix forte , vous aurez perdu celui qui meurt
« avec la gloire , avec la conviction d'avoir
« été et d'être votre meilleur ami. » Peu de
temps après le duc fut amputé, mais , loin de
le soulager, l'art ne fit que rendre sa mort plus
douloureuse.

Le général Durosnel , aide-de-camp de Bonaparte, fut emporté par un boulet de canon ,
en traversant la ligne : le général de division
Saint-Hilaire fut assez grièvement blessé.

Cependant la crue des eaux allait toujours

en augmentant, et les ponts ne purent être
rétablis dans la nuit. Le 23, l'armée reçut
l'ordre de repasser le petit bras du fleuve qui
sépare la rive gauche d'Inder-Lobau, et de
camper dans cette île. Il serait difficile de
peindre la stupeur du soldat quand on lui fit
exécuter ce mouvement de retraite. Etonné
d'une manœuvre aussi étrange, il passa
bientôt de la surprise à l'indignation : vainqueur pendant deux journées, il ne pouvait
concevoir qu'il fallût battre en retraite. On lui
annonça les désastres de la veille, on lui dé-
montra la nécessité de repasser dans la grande
île ; il obéit, et ne fut point persuadé.

Les causes qui ralentissaient le cours de
nos triomphes sur le pays situé au-delà du
fleuve, ne pouvaient entraver la marche de
nos troupes dans le Tyrol. Aussi nos soldats
venaient-ils de soumettre ce pays. Le 19, le
duc de Dantzick était entré à Inspruck, après
avoir pris à Strub-Pass 7 canons et 600 hommes
à l'ennemi. Le général Deroy, qui venait d'a-
bandonner le blocus de Kufstein, se réunit
bientôt au duc de Dantzick ; et ces deux corps
se réjouirent ensemble de la défaite de
Chasteller. Cet individu, Belge de nation,
avait armé le Tyrol, et s'était porté au-devant

de nos troupes; il fut vaincu à Vœrgel, fus-
tigé, après sa déroute, par ceux mêmes qui
s'étaient réunis sous ses ordres, et contraint
à fuir dans les montagnes de la Carinthie.

La vallée de Zillerthal se rendit la première :
elle envoya des ôtages. Toutes les autres en
firent autant. La ville d'Inspruck et les cercles
députèrent sur-le-champ vers le roi de Bohême,
et firent encore *un serment de fidélité*.

Pendant ce temps, on se battait à la tête
du pont de Lintz, dans le village d'Urfar. Le
général Vandamme, avec les troupes wurtem-
bergeoises y culbuta l'ennemi, et le prince de
Ponte-Corvo, qui arriva le soir même à Lintz
avec les Saxons et quatre escadrons de hussards, acheva de le mettre en pleine déroute.
Le général Gérard, chef d'état-major, le général d'artillerie Mossel, et l'aide-de-camp
Hamélinaie eurent surtout part aux triomphes
de cette journée.

Le 23 mai, et la nuit entière du 23 au 24,
furent employés à réparer les ponts. On les
éleva sur pilotis; les soldats occupés à ce travail y mirent une activité incroyable.

Le 25, à la pointe du jour, tout semblait
rétabli : les caissons vides, les blessés et tout
ce qui devait retourner sur la rive droite

avaient déjà passé. Mais la crue du Danube devait durer jusqu'au 15 juin. Dans la nuit du 26 au 27, les eaux enflèrent prodigieusement, et les ponts furent enlevés une seconde fois : on y travailla encore avec plus d'ardeur ; et, pour s'opposer à la force du fleuve, on fixa le pont avec une grande chaîne de fer trouvée dans l'arsenal d'Autriche, et que les Autrichiens avaient enlevée aux Turcs qui la destinaient au même usage.

Dans la journée du 27, on reçut la nouvelle de l'arrivée de l'armée d'Italie. Le général Lauriston, qui était parti au-devant d'elle, avait envoyé en reconnaissance un chasseur du 20e. Ce chasseur rencontra un chasseur du 9.e, qui précédait l'avant-garde du vice-roi. Les deux soldats s'examinèrent pendant quelque temps ; puis, s'étant reconnus pour français, ils s'embrassèrent. Le chasseur du 20.e marcha sur Bruck pour se rendre auprès du vice-roi ; celui du 9.e se dirigea vers le général Lauriston. Il y avait plus de 12 jours que les deux armées n'avaient reçu de nouvelles l'une de l'autre ; on peut juger avec quelle joie elles réunirent leurs lauriers.

Voici un tableau succinct des opérations de cette armée, avant le moment de sa jonction.

Le 10 avril, l'archiduc Jean envoya comme déclaration de guerre une copie de la lettre que les princes Charles et Ferdinand avaient fait remettre à nos corps d'armée en Bavière et à Warsovie : le même jour les hostilités commencèrent, et quelques hussards de nos avant-postes furent enlevés. Le premier combat eut lieu le 16, entre Pardénone et Sacile : le vice-roi donna ordre aux divisions Grenier et Séyaroli d'attaquer l'ennemi; il calculait que sa cavalerie, forte et nombreuse, devait être arrivée; et quand il apprit qu'elle avait été arrêtée par la crue des eaux, il était déjà trop tard pour donner des ordres contraires. On se battit toute la journée. Un mouvement de la cavalerie ennemie força le prince Eugène à repasser la Livenza pour s'assurer une retraite. Notre perte fut égale à celle de l'ennemi, jusqu'au moment où le général Sahuc, qui commandait l'avant-garde, fut pris au dépourvu. Ses hussards avaient leurs chevaux débridés; ses trois bataillons furent faits prisonniers.

Le prince Eugène se hâta de mettre fin à un combat inégal, et se replia sur Caldero. Il y resta jusqu'au 30 avril. Ce jour, l'ennemi, averti que Vienne était menacée, exécuta un

mouvement de retraite, et nos troupes tombèrent aussitôt sur lui : il perdit un assez
grand nombre d'hommes en plusieurs rencontres, abandonna successivement Trévise,
Padoue, et fut forcé de se mettre en bataille
au-delà de la Piave ; il appuya sa gauche sur
les montagnes, sa droite sur le chemin de
Conegliano. Le prince Eugène profita des
avantages que cette position lui donnait : il
forma son avant-garde de 8000 voltigeurs,
commandés par Dessaix, la fit soutenir par
10,000 hommes de cavalerie, et passa la Piave
à la tête des divisions Grenier et Macdonald ;
et le 8 mai il déborda l'ennemi entre le chemin de Conegliano et la mer. Le combat fut
bientôt engagé, et l'armée ennemie s'enfuit
dans le plus grand désordre, laissant entre
nos mains plusieurs de ses généraux, 5o caissons, 4000 soldats et 16 pièces de canon.

L'ennemi fut encore poursuivi au-delà de la
Piave ; il cherchait à construire des redoutes
à Sacile ; il fut attaqué, et des travaux impar-
faits ne purent le défendre. Le lendemain,
notre avant-garde lui fit un grand nombre de
prisonniers, et deux de nos bataillons d'infanterie légère, qui avaient été dirigés sur
Bruguiera, prirent en queue une de ses co-

lonnes, et lui enlevèrent 5oo hommes et une pièce de canon.

Le 11, toute l'armée du prince Eugène avait passé le Tagliamento : elle joignit les troupes autrichiennes sur les trois heures de l'après-midi, à Saint - Daniel. Le général Giulay occupait les hauteurs avec des forces assez imposantes en infanterie, quelques escadrons de cavalerie, et 5 pièces d'artillerie. L'archiduc Jean y commandait en personne, et cherchait à protéger le reste de l'armée qui défilait dans la longue vallée de la Felta. La position fut attaquée et emportée de vive force. Nous perdimes presque autant d'hommes que l'ennemi; mais nous lui enlevâmes un drapeau et plusieurs pièces de canon.

Après le combat de Saint-Daniel , notre avant-garde , toujours dirigée par le général Dessaix, attaqua encore l'ennemi à Venzone, lui fit essuyer un nouvel échec , et le poussa si vivement, qu'elle le contraignit à s'enfermer dans le fort Malborghetto. Le vice-roi ordonna l'assaut. Le 17, le fort fut canonné depuis 5 heures du matin jusqu'à 9 et demie. Toutes les palissades furent franchies à-la-fois, et l'ennemi , poussé jusque dans ses derniers retranchemens , se vit contraint de nous céder la place. Dans cette affaire, l'ennemi perdit un grand nombre d'hommes, tués ou blessés ; nous trouvâmes dans la forteresse deux obusiers et huit pièces de canon. Les régimens français qui se sont le plus distingués à Malborghetto, sont le 1.er de ligne, le 52.e et le 102.e. Les généraux Grenier, Durutte, le chef de bataillon Amoretti, et le capitaine d'artillerie Guérin, méritent aussi d'être cités avec honneur. Le général Pacthod entra le premier dans les retranchemens de l'ennemi.

Le même jour, immédiatement après la prise du fort Malborghetto, le vice - roi se porta sur Tarvis : l'ennemi s'y était retranché derrière des redoutes, avec cinq régimens de ligne et plusieurs bataillons de Croates. Nous traversâmes le vallon profond où coule la Schlitza, et, après une attaque assez vive, nous chassâmes les Autrichiens de leurs retranchemens ; ils avaient 25 pièces de canon : 17 restèrent dans les redoutes et furent prises.

Cependant l'artillerie de notre armée était arrêtée dans sa marche par le fort de Predel : le major Grenier reçut l'ordre de se porter, avec trois bataillons et deux pièces de canon, dans la vallée de Raïbell, pour attaquer le fort par derrière, tandis que le général Sévas l'at-

taquerait de front. En un quart d'heure le
fort fut emporté.

Du 19 au 24, le prince Eugène passa, avec
son armée, par Tarvis, Villach, Klagensfurt,
Saint-Weit, Freisach, Unzmarkt et Knittel-
felds. Le général Macdonald, qui commandait
l'aile droite, occupa Goritz, passa l'Isonzo
le 14, et s'empara des forts de Prewald et de
Layback : il prit, dans les affaires qui se passèrent en ces différens endroits, un nombre
immense de prisonniers, des munitions, des
magasins de toute espèce, plusieurs drapeaux,
et plus de cent bouches à feu.

Les généraux de division Broussier et Lamarque, qui dirigèrent toutes ces opérations,
sous les ordres du maréchal Macdonald, méritèrent les plus grands éloges, pour leur bravoure et leur capacité militaire.

Lorsque l'armée d'Italie arrivait à Knittel-
felds, le prince Eugène fut informé que les
débris du corps du général Jellachich, échappés à l'armée d'Allemagne, étaient poursuivis
sur Rotenmann par divers bataillons venant
de l'intérieur, formant huit mille hommes environ : il ordonna aussitôt à la division Seras
de se diriger sur Leoben, pour y surprendre
Jellachich. La division Seras se mit en marche,

et rencontra l'ennemi dans la position de St-Michel.

Le général Seras, avec une brigade de sa division, et une brigade de la division Durutte, commandée par le général Valentin, attaqua l'ennemi de front. Les 9e. et 6e. de chasseurs à cheval, commandés par les aides-de-camp Triaire et Delacroix, soutenaient la ligne. Le général Durutte, avec le reste de sa division, formait la réserve. Vers deux heures, l'on se battit sur toute la ligne ; l'ennemi plia sur tous les points, le plateau fut emporté. Huit cents Autrichiens furent tués, 1,200 hommes, dont 70 officiers, faits prisonniers. Le général Jellachich, accompagné de deux autres généraux, et suivi de 60 dragons, fut obligé de recourir à la vitesse de son cheval.

Le prince Eugène fit, dans son rapport, un éloge particulier des colonels Triaire et Delacroix ; de l'adjudant-commandant Forestier ; du capitaine Aimé, du 9e. de chasseurs, qui prit un drapeau ; du lieutenant Bourgeois, du 102e., qui, avec 4 chasseurs à cheval et 8 fantassins, fit 600 prisonniers, et du maréchal-des-logis Rivoine, du 6e. de chasseurs, qui, seul, prit un canon, après avoir tué les canonniers sur leurs pièces.

Le lendemain 26, l'armée d'Italie arriva à Bruck, où elle fit sa jonction avec le général Lauriston, et avec l'armée d'Allemagne.

En Pologne, nos succès étaient aussi satisfaisans : après la prise du pont de Gora, l'ennemi, ayant abandonné la rive droite de la Vistule, l'armée aux ordres du prince Poniatowski se divisa en deux colonnes, qui le poursuivirent sur sa droite et sur sa gauche, et lui enlevèrent des hommes dans plusieurs rencontres. Lublin et Pizeworsk ouvrirent leurs portes à ces deux corps d'armée. La ville de Sandomir, munie de retranchemens très-forts, voulut leur résister, mais elle fut bientôt forcée à capituler : le chef d'escadron Wladimir Potocki et le général Sokolnicki enlevèrent à l'Autrichien, dans cette journée, 1,200 hommes, des magasins considérables, et 20 pièces de canon.

Le 14, Thorn fut attaqué par l'ennemi, et les troupes polonaises se retirèrent, après avoir brûlé le pont ; du 16 au 23, le général Dombrowski, qui repoussait partout l'ennemi sur la Basse-Vistule, le chassa en avant de Bromberg, et mit à couvert les deux places de Thorn et Czentoschau.

L'armée de Dalmatie, sous les ordres du

duc de Raguse, était entrée, le 14 mai, en Croatie ; et, dès le premier pas, elle avait enlevé à l'ennemi les positions du mont Kitta, où il s'était retranché. Elle le poursuivit encore à Popina ; mais il ne l'attendit point, et évita le combat, en quittant à la hâte ses retranchemens. Le 17 au soir, on en vint de nouveau aux mains devant Gradschatz ; environnées de toutes parts, nos troupes eurent à soutenir une attaque des plus vives : le feu dura depuis 7 heures jusqu'à 10 heures du soir, et les Autrichiens, soutenus par la rentrée de deux bataillons, qui venaient d'Ervenick, nous tuèrent beaucoup de monde. Cependant nous n'abandonnâmes point nos positions, et, le lendemain, nous entrâmes à Grandschatz.

Le 21, nos troupes arrivèrent à la vue de Gospich, où l'ennemi s'était déjà fortifié : de quelque côté qu'on voulût l'attaquer, il était protégé par deux rivières ; l'entreprise était périlleuse et difficile. Le duc de Raguse ne douta cependant point du succès, et fit manœuvrer de manière à tourner la position : deux compagnies de voltigeurs du 8e. régiment, commencèrent l'attaque : au même instant, les Autrichiens débouchèrent par le pont de Leclay. La division Montrichard, soutenue par la division Clausel, alla à sa rencontre, et l'affaire s'engagea sur tous les points ; le combat fut sanglant : quand un des partis pliait, il appelait à l'aide, de nouveaux régimens venaient le secourir et ranimaient le feu : enfin le général Delzons, à la tête de trois bataillons du 11e. régiment, menaça la retraite de l'ennemi, qui venait de tourner le 8e. régiment, et cette manœuvre décida le succès ; l'ennemi, réduit à la défensive, perdit de vive force les positions qu'il occupait.

Le lendemain, ce corps d'armée eut à soutenir un nouveau combat ; le 23, il entra à Gospich. Les jours suivans, il battit l'ennemi près des marais d'Ottochatz, occupa Segna, Fiume, et, le 31, il se mit en marche pour se rejoindre à l'armée d'Italie.

Nos forces, ainsi rapprochées, tendaient à de plus grands résultats ; cependant le mois de juin se passa sans que les affaires changeassent de face. L'archiduc Ferdinand évacua le grand duché de Warsovie, et le prince Poniatowski s'empara de toutes les positions occupées par l'ennemi en Galicie. Ce Schill, que la Prusse elle - même avait condamné, fut défait et tué. La ville de Raab fut forcée à capituler après une sanglante bataille gagnée par le vice - roi. On fit construire de nouveaux ponts sur le Danube : le général Bertrand ordonna les travaux ; jamais , peut-être , on n'avait vu des ouvrages de campagne aussi promptement ni aussi habilement exécutés. Le pont qui devait donner passage à l'artillerie , était sur pilotis , et de 60 arches ; des estacades placées entre les îles défendaient les trois ponts des brûlots et des machines incendiaires. L'île de Lobau fut fortifiée : on y dressa 100 pièces de canon et 20 obusiers de siége en batterie ; on y établit des magasins de vivres pour l'armée , et , le 1er. juillet , le chef de l'armée y porta son quartier - général. Plusieurs îles , placées à droite et à gauche de celle-ci , reçurent de nouveaux noms : l'une s'appela Montebello , une autre Espagne ; une redoute fut appelée Petit. Ainsi les soldats , par ces dédicaces d'un genre nouveau , honoraient le courage des officiers qui les conduisaient à la gloire. Toutes ces îles furent garnies de bouches à feu : 62 pièces étaient dirigées sur la petite ville d'Enzersdorf, dans laquelle rentra l'ennemi ; 4 mortiers , pointés sur la plaine , devaient protéger de leur feu le déploiement de nos ponts. Le 2 , un aide-de-camp du duc de Rivoli se jeta , avec 500 voltigeurs , dans l'île

Dumoulin, joignit cette île au continent, et, par une fausse attaque, fixa l'attention de l'ennemi. Le 4, à dix heures du soir, tous les ponts étant préparés, le général Conroux et 1500 voltigeurs, portés par des chaloupes canonnières, débarquèrent sur la rive gauche ; presque dans le même moment arriva le colonel Sainte-Croix, aide-de-camp du duc de Rivoli, qui y descendit avec 2,500 hommes. Les batteries dirigées contre Enzersdorf reçurent aussitôt l'ordre de commencer le feu. Les obus brûlèrent la ville, et, en moins d'une demi-heure, les batteries ennemies furent éteintes.

A deux heures après minuit, notre armée avait débouché sur quatre ponts, sa gauche à 1,500 toises au-dessous d'Enzersdorf, sa droite sur Vittau. Sa gauche était commandée par le duc de Rivoli, sa droite par le duc d'Auerstaëdt ; au centre se trouvait le corps du général Oudinot. Les corps du prince de Ponte - Corvo, du vice-roi et du duc de Raguse, la garde et les cuirassiers, formaient la seconde ligne et la réserve. Un orage violent, une profonde obscurité, servaient également nos desseins en cachant nos mouvemens à l'ennemi, en empêchant sa défense

Le 5, aux premiers rayons du soleil, notre armée était rangée en bataille sur la gauche de l'ennemi ; ses camps retranchés étaient tournés, ses ouvrages rendus inutiles, et il se trouvait contraint de livrer bataille sur le terrain que nous occupions.

Notre armée se déploya dans l'immense plaine d'Enzersdorf; l'ennemi envoya aussitôt sur Rutzendorf plusieurs colonnes d'infanterie, un bon nombre de pièces d'artillerie et quelques escadrons de cavalerie pour déborder notre droite. Bonaparte répondit à cette manœuvre en déployant son aile droite, en dirigeant sur le quartier-général du prince Charles le duc d'Auerstaëdt, tandis qu'Oudinot enlevait par son ordre le village de Rutzendorf. Depuis midi jusqu'à neuf heures du soir, on manœuvra dans la plaine, et l'ennemi, toujours repoussé par l'activité de nos canonniers et l'intrépidité de notre infanterie, nous céda successivement les retranchemens qu'il avait construits à Gros-Aspernn, à Essling ; il n'opposa de résistance qu'au village de Raschdorf, que les Saxons lui enlevèrent sur la fin de la journée. Le champ de bataille resta couvert de morts.

Le 6, à la pointe du jour, on exécuta de

nouvelles manœuvres ; les deux armées suivirent un plan tout-à-fait contraire. L'armée
ennemie se déploya et affaiblit son centre pour
garnir ses extrémités ; la nôtre, au contraire,
se replia sur son centre.

Notre gauche fut occupée par le prince de
Ponte-Corvo, auquel le duc de Rivoli formait
une seconde ligne, notre droite par le duc
d'Auerstaëdt qui se repliait sur le centre,
composé sur huit lignes des corps du général
Oudinot, du duc de Raguse, de la garde et
des cuirassiers.

La gauche de l'ennemi, formée par le corps
de Rosenberg, débouchait à Neusiedel ; sa
droite, en marche sur Stadelau, se composait
des corps de Bellegarde, de Collowrath, de
Lichtenstein et de Hiller ; le seul corps du
prince Hohenzollern formait son centre.

Le corps de Rosenberg s'étendit pour déborder le duc d'Auerstaëdt. Bonaparte se
porta en personne de ce côté, fit renforcer
le corps d'Auerstaëdt par les cuirassiers du
duc de Padoue, et fit prendre la division ennemie en flanc par douze pièces de canon de
la division du général comte de Nansouty.
Après une demi-heure environ, le corps de
Rosenberg fut culbuté, et repoussé avec une

perte considérable au-delà de Neusiedel. Pendant ce temps, la canonnade s'engageait sur toute la ligne. Le chef de l'armée française ordonna au duc d'Auerstaëdt de tourner Neusiedel et pousser de là sur Wagram ; il disposa aussitôt en colonnes d'attaque le duc de Raguse et le général Macdonald pour enlever Wagram, au moment où déboucherait le duc d'Auerstaëdt.

Sur ces entrefaites, on vint prévenir que notre gauche était débordée de 3000 toises, que le duc de Rivoli était vivement attaqué dans le village qu'il occupait, et qu'une ligne d'artillerie de 200 pièces environ se déployait entre Gros - Aspernn et Wagram. Bonaparte envoya, pour soutenir sa gauche, les divisions Broussier et Lamarque : il les fit soutenir par une division du général Nansouty, 60 pièces d'artillerie de la garde, et 40 pièces de différens corps. Le général Lauriston, à la tête de cette batterie, marcha au trot sur l'ennemi, et attendit, pour faire feu, qu'il fût à une demi-portée : le succès de cette manœuvre fut complet, l'ennemi se replia après avoir perdu une grande partie de son monde. Son centre, qui battit en retraite au même moment, et qui céda une lieue de terrain, rendit la posi-

tion de ses extrémités plus désespérante encore. Sa droite, épouvantée, rétrograda en
grande hâte, sa gauche fut attaquée et débordée par le duc d'Auerstaëdt, qui, maître de
Neusiedel, marchait à grands pas sur Wagram. Les divisions Broussier et Gudin se
couvrirent de gloire dans ce combat. Il était
dix heures, l'ennemi ne se battait plus que
pour sa retraite : à midi, le général Oudinot
marcha sur Wagram pour soutenir dans l'attaque le duc d'Auerstaëdt. Cette position fut
bientôt enlevée, et l'ennemi, beaucoup avant
la nuit, était hors de vue. Nous prîmes position, notre droite à Ebersdorf, notre centre
sur Obersdorf, et notre gauche presque entièrement formée de cavalerie, à Shankirchen.

Cette bataille, à jamais célèbre, se termina
ainsi à notre gloire, et nous laissa des trophées
immenses, avec la certitude d'une paix glorieuse. L'ennemi perdit 10 drapeaux, 40 pièces de canon : nous lui fîmes 20,000 prisonniers, parmi lesquels se trouvèrent plusieurs
généraux, un grand nombre de colonels,
de majors et 400 officiers. Parmi les morts qui
couvraient le champ de bataille, on trouva
le corps du général Normann. Ce général,
doué de grands talens militaires, les avait

prostitués en les faisant servir contre la France; il venait de recevoir le châtiment dû à sa désertion.

Nous perdîmes dans cette affaire un de nos meilleurs généraux de cavalerie légère, le général de division Lasalle, qui fut atteint d'une balle. Le général bavarois de Wrède, les généraux Seras, Grenier, Vignolle, Sahuc, Frère, de France et les majors de la garde Dausménil et Corbineau furent blessés. Le prince Aldobrandini fut frappé d'une balle au bras. L'adjudant-commandant Duprat fut tué. Le colonel du 9.e d'infanterie de ligne tomba à la tête de son régiment, qui se couvrit de gloire. La perte que nous essuyâmes à Wagram ne fut point donnée d'une manière bien positive : ceux qui ont quelques connaissances de la guerre, jugeront aisément ce qu'elle dut être, en la calculant d'après celle de l'ennemi.

Quelques-unes de nos colonnes n'étaient pas à 1200 toises de Vienne : la nombreuse population de cette capitale monta sur les clochers, sur les plus hauts édifices, assista en quelque sorte à ce combat ; l'empereur d'Autriche avait quitté Volkersdorf le 6, à cinq heures du matin : il était monté sur un belvédère, d'où il découvrait le champ de bataille. Il y resta jusqu'à midi; à midi il partit en toute hâte.

Le 7, l'armée française était à Volkersdorf: les jours suivans, l'ennemi, toujours poursuivi par les ducs de Rivoli, d'Auerstaëdt et de Raguse, perdit encore des hommes et des pièces d'artillerie. L'empereur d'Autriche et le prince Antoine, une suite d'environ 200 calèches, et autres voitures passèrent le 7 à Hollabrunn, le 8 à Znaïm; le 11, nous étions maîtres d'Hollabrunn et de Znaïm. Alors le prince de Lichtenstein fut envoyé avec une mission pour traiter de la paix au nom de l'empereur d'Autriche : le duc de Raguse, auquel il demanda une suspension d'armes, répondit qu'il ne pouvait l'accorder sans un ordre du quartier-général : en attendant, il enleva encore à l'ennemi une belle position, lui fit des prisonniers et lui prit deux drapeaux; l'ordre vint : le chef de l'armée française, instruit que le prince de Lichtenstein était entré dans nos postes, fit cesser le feu. A minuit on signa l'armistice.

Bientôt la paix fut demandée à la France victorieuse; mais, cette fois, ce ne fut point des sacrifices de territoire que celle-ci exigea

du vaincu. Un coup plus sensible fut porté au
cœur de l'empereur d'Autriche. Sa fille, l'hé-
ritière de l'empire d'Allemagne, la descen-
dante des Césars, devint le prix de la victoire:
l'homme nouveau que la France républicaine
avait élevé sur ses pavois, que la France impériale avait laissé sur le trône, crut affermir
à jamais sa puissance, en s'alliant avec la plus
ancienne dynastie de l'Europe. Il crut rendre
ainsi deux trônes solidaires; et sa politique
vit dans un lien avec la famille de la reine
Antoinette un gage donné au parti royaliste,
une réparation des injustices de la révolution
française.

L'empereur d'Autriche, en roi vraiment
dévoué au salut de ses sujets, ne balança pas
entre les intérêts de l'Etat et les intérêts de
son cœur. Il ne pouvait voir d'ailleurs avec
indifférence la force que l'amitié des Français
allait rendre à son état chancelant. Napoléon
ne reçut point un refus, et nous apprîmes,
avec un étonnement mêlé d'espoir, que bientôt une nouvelle souveraine allait monter sur
le trône de France.

FIN DU PREMIER VOLUME.

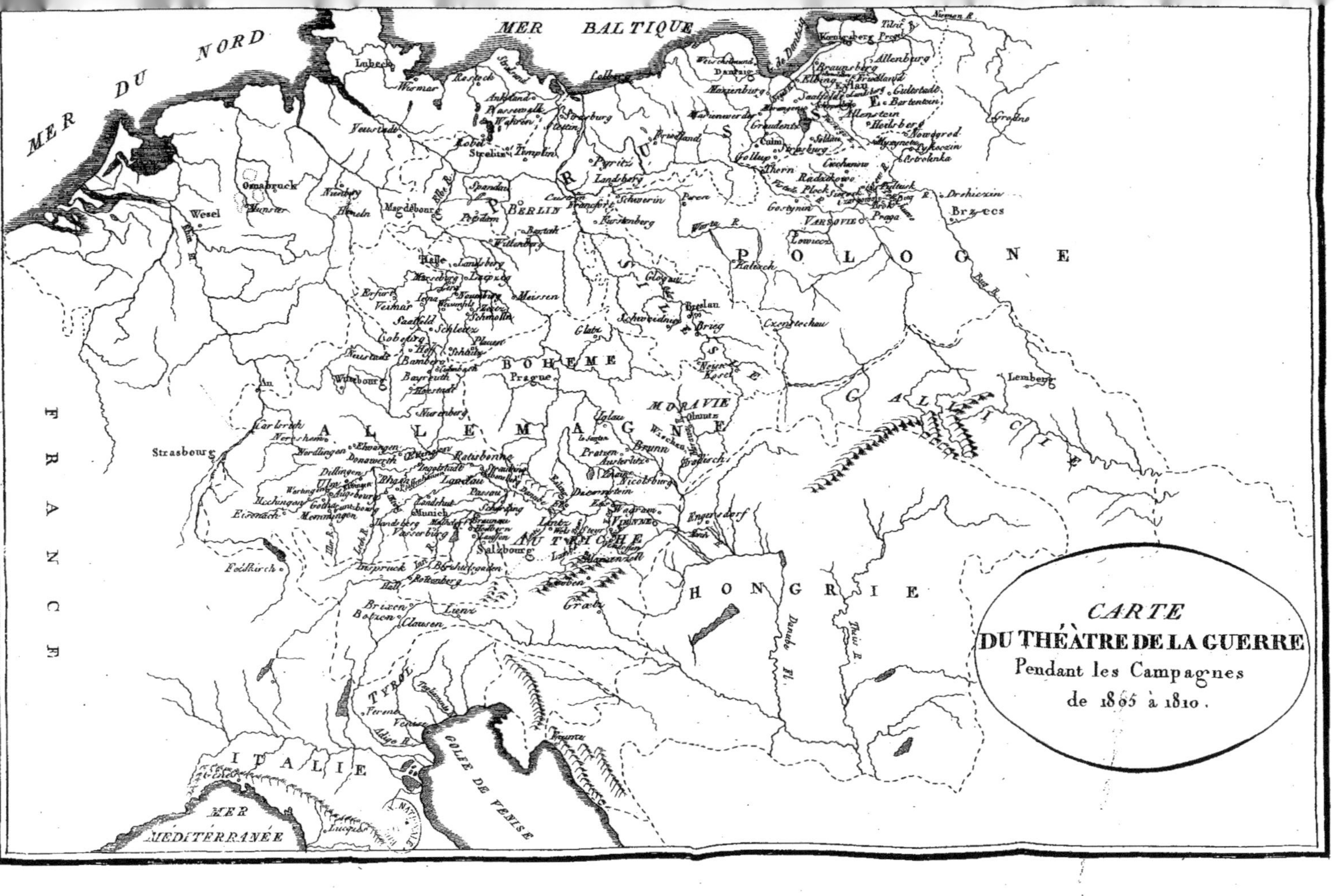

CARTE
DU THÉÂTRE DE LA GUERRE
Pendant les Campagnes
de 1805 à 1810.
MER DU NORD
MER BALTIQUE
FRANCE
ALLEMAGNE
POLOGNE
BOHEME
MORAVIE
AUTRICHE
HONGRIE
GALLICIE
PRUSSE
SILESIE
TYROL
ITALIE
MER MÉDITÉRRANÉE
GOLFE DE VENISE
Strasbourg
Wesel
Osnabruck
Munster
Labeck
Wismar
Rostock
Stralsund
Neustadt
Spandau
BERLIN
Potsdam
Magdebourg
Halle
Leipzig
Mersebourg
Erfurt
Weimar
Iena
Naumbourg
Meissen
Saalfeld
Schleitz
Coberg
Bamberg
Bayreuth
Nurenberg
Carlsruh
Nordlingen
Ellwangen
Donauwerth
Dillingen
Ulm
Augsbourg
Munich
Landsberg
Wasserbourg
Inspruck
Salzbourg
Feldkirch
Brixen
Botzen
Clausen
Lienz
Verone
Venise
Prague
Glatz
Breslau
Brieg
Schweidnitz
Neisse
Glogau
Kalisch
Czenstochau
Brunn
Olmutz
Austerlitz
Nicolsburg
Vienne
Ratisbonne
Landshut
Landau
Passau
Lintz
Wagram
Enzersdorf
Graz
Danube Fl.
Theiss R.
Lemberg
Posen
Varsovie
Praga
Brzecs
Thorn
Plock
Pultusk
Ostrolenka
Danzig
Elbing
Marienbourg
Konigsberg
Tilsit
Friedland
Eylau
Heilsberg
Allenburg
Braunsberg
Grodno
Niemen R.

TABLE DES CHAPITRES

CONTENUS DANS LE PREMIER VOLUME.

FIN DE LA TABLE DU PREMIER VOLUME.

MANUEL DES BRAVES

OU
VICTOIRES
DES ARMÉES FRANÇAISES

EN ALLEMAGNE, EN ITALIE, EN ÉGYPTE, EN ESPAGNE, EN
RUSSIE, etc.;

DÉDIÉ AUX MEMBRES DE LA LÉGION D'HONNEUR;

Par LÉON THIESSÉ.

4 volumes in-12, ornés de plusieurs portraits.

ON NE PAYE RIEN D'AVANCE.

Au milieu des malheurs sans nombre qui pèsent sur la
Nation française, s'il est une idée qui la soutienne encore,
qui rende ses infortunes moins accablantes, sa résignation
plus facile, c'est le souvenir de ses victoires passées, du rang
élevé qu'elle a occupé entre les peuples de l'Europe. En se
rappelant ce qu'elle fut, elle songe à ce qu'elle peut être
encore; et sa mémoire lui fournit ses plus nobles espérances.
Il faut plaindre ceux qui s'attachent à contester la légitimité
du patrimoine de gloire que nos braves nous ont acquis.
Français, avant tout, nous repoussons tout ce qui pourrait
affaiblir en nous l'ardent amour de la patrie.

Le succès qu'ont obtenu plusieurs ouvrages destinés à
recueillir les belles actions des Guerriers français, a inspiré l'idée de celui que l'on annonce au public. Plusieurs

personnes ayant pensé que les uns sont trop resserrés , et que les autres, étendus dans de vastes limites, sont d'un prix trop élevé pour devenir populaires, on a cherché un juste milieu entre les deux excès. Les lecteurs trouveront, dans le recueil dont nous publions le *Prospectus*, un résumé substantiel, sans sécheresse, des principales campagnes des armées françaises, depuis 25 ans. La modicité du prix le rendra accessible à toutes les classes, à celle sur-tout dont nous ambitionnons le plus les suffrages , dont nous recueillons les titres de gloire, qui reconnaîtra les lieux où elle combattit , les noms de ceux de ses frères d'armes qui se sont le plus distingués , et dont un grand nombre pourra dire avec un noble orgueil : *J'étais là !* Heureux si l'exactitude que nous tâcherons d'apporter dans la rédaction , si le patriotisme, qui animera toutes les parties de l'ouvrage, lui méritent le titre de MANUEL DES BRAVES !

C'est un beau spectacle de voir une armée victorieuse parcourir tour - à - tour les principaux États de l'Europe, marquer partout son passage par des triomphes , pénétrer jusque dans les contrées glaciales de l'Asie, et ne céder qu'aux élémens ce que l'ennemi seul n'aurait pu obtenir; revenir dans ses foyers, repousser, avec un succès long-temps douteux, les masses immenses qu'on lui opposait, et, terrible jusque dans sa défaite, épouvanter encore le vainqueur par son imposante et formidable attitude. Tel est le sujet qui sera traité dans l'ouvrage que nous annonçons : il sera divisé en *quatre volumes in-12*. Le premier contiendra les victoires des armées françaises en Allemagne; dans le second on réunira les campagnes d'Italie et d'Égypte; le troisième contiendra les victoires en Russie, en Espagne et en Belgique, etc. ; et le quatrième, nos mémorables succès

(3)

les combats qui eurent lieu en France vingt années aupara
vant, avec non moins de bravoure, mais un succès meilleur
Ainsi, les trophées d'une époque consoleront des défaite
de l'autre. Chacun des volumes sera orné d'une gravure.

Il est des faits d'armes d'un autre genre : ceux-là ont été
la suite de nos troubles civils, et nous croyons qu'il est de
notre devoir de les couvrir du voile de l'oubli. Les lecteur
français apprécieront assez nos motifs, sans qu'il soit besoin
que nous prenions la peine de justifier notre silence.

L'entreprise éminemment nationale que nous tentons
doit obtenir l'approbation des amis de la liberté. Vanter l
valeur française, c'est encore l'enflammer ; c'est inspirer
tous les citoyens le sentiment de leur force ; c'est concouri
au maintien de l'indépendance publique ; c'est enfin bie
mériter d'un Monarque qui, de la terre de l'exil, vit, ave
un sentiment d'orgueil, les belles actions du peuple qu'
gouverne aujourd'hui, qui, sur un trône honoré par se
vertus, affermi par ses lois, rend hommage à toutes le
gloires, et ne voit, dans les services des Bayard, des Turenn
et des d'Assas nouveaux, que la Patrie à jamais illustrée pa
eux, que le trône environné d'un éclat immortel.

Le prix est de 3 francs par volume pour les souscripteur
et de 4 francs pour ceux qui n'auraient pas souscrit.

Le premier volume, qui contiendra *les victoires de
armées françaises en Allemagne*, paraîtra dans les pre
miers jours de juillet. La souscription sera fermée le jou
de la mise en vente.

On souscrit, à Paris, chez PLANCHER, éditeur de
OEuvres complètes de Voltaire, en 35 tomes in-12, ru
Serpente, n°. 14.

OUVRAGES NOUVEAUX.

ŒUVRES COMPLÈTES DE VOLTAIRE, en 35 volumes in-12, *sans changemens ni suppressions*, augmentées d'un grand nombre de pièces inédites, et ornées de trois portraits.

Déjà le cinquième volume est en vente, et le sixième paraîtra au 20 juin : la souscription ne sera définitivement fermée qu'au 31 juillet. Prix : 3 fr. 50 cent. en papier d'Auvergne, et 7 fr. en papier vélin.

La première livraison des gravures pour cet ouvrage, composée de douze vignettes, paraîtra dans les premiers jours d'août. Prix : 6 fr.

RELATION CIRCONSTANCIÉE DE LA CAMPAGNE DE 1813, EN SAXE, par le baron d'Odeleben, l'un des officiers généraux de l'armée, et témoin oculaire ; traduit de l'allemand par M. Aubert de Vitry, l'un des rédacteurs du Journal de Paris et du Constitutionnel. 2 vol. in-8°. Prix : 10 fr. et 13 fr. par la poste.

Un officier français a enrichi cet Ouvrage des Notes les plus patriotiques.

Pour paraître incessamment.

JOURNAL HISTORIQUE DE LA CAMPAGNE DU PRINCE EUGÈNE EN ITALIE, en 1813 et en 1814 ; par M. L. D*****, capitaine, attaché à l'état-major du Prince, et chevalier de la Légion d'Honneur. 1 vol. in-8°., orné d'une carte. Prix : 2 fr. 50 c., et 3 fr. par la poste.

MONSIEUR TERME., ou *la Science de conserver les places*, faisant suite à l'Art de les obtenir ; par un employé *sous tous les régimes*, de 1788 à 1817. 1 vol. in-8°. Prix : 2 francs.

Pour paraître à la fin du mois de juin.

PANORAMA D'ANGLETERRE, ou EPHÉMÉRIDES ANGLAISES, politiques, littéraires et philosophiques, publiées par M. CHARLES-MALO. Le tome Ier., qui va être mis en vente du 25 juin au 1er. juillet, sera orné, 1°. d'une caricature intitulée : *les Chevaliers de la Bombe* ; 2°. d'un portrait de *mistriss Siddons* ; 3°. d'une gravure de modes, coloriée ; 4°. d'une planche de musique anglaise, avec accompagnement.

Prix de ce tome Ier., pour les souscripteurs de Paris, 5 francs (rendu chez eux) ; pour ceux de province, 6 francs (franc de port). Son prix, pour les non-souscripteurs, c'est-à-dire, lors de la mise en vente, sera de 6 francs pour Paris, et de 7 francs pour la province (*franco*).

On souscrit à Paris, chez Plancher, Libraire, rue Serpente, n°. 14 ; chez l'Auteur, rue de Vaugirard, n°. 61.

On souscrit également chez tous les Libraires de province.